U0590959

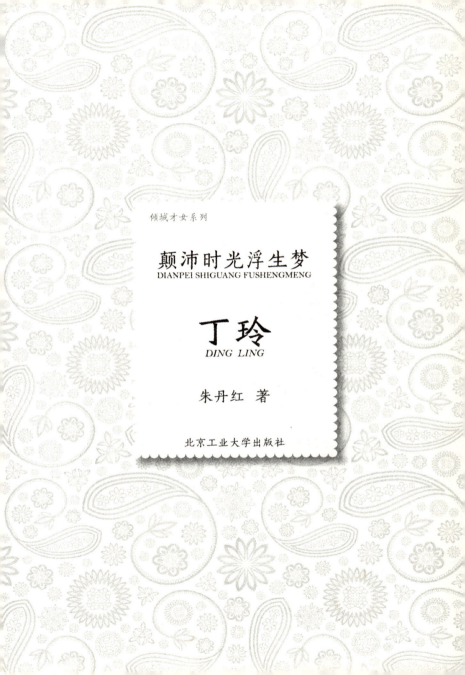

倾城才女系列

颠沛时光浮生梦

DIANPEI SHIGUANG FUSHENGMENG

丁玲

DING LING

朱丹红 著

北京工业大学出版社

图书在版编目（CIP）数据

颠沛时光浮生梦：丁玲 / 朱丹红著 . —北京：
北京工业大学出版社，2013.5
　（倾城才女系列）
　ISBN 978-7-5639-3462-1

Ⅰ.①颠… Ⅱ.①朱… Ⅲ.①丁玲（1904～1986）—传记
Ⅳ.①K825.6

中国版本图书馆 CIP 数据核字（2013）第 047562 号

颠沛时光浮生梦——丁玲

著　　者：朱丹红
责任编辑：周　雪
装帧设计：刘　源
出版发行：北京工业大学出版社
　　　　　（北京市朝阳区平乐园 100 号　100124）
　　　　　010-67391722（传真）　bgdcbs@sina.com
出 版 人：郝　勇
经销单位：全国各地新华书店
承印单位：三河市万龙印装有限公司
开　　本：787 mm×1092 mm　1/32
印　　张：9.75
字　　数：167 千字
版　　次：2013 年 5 月第 1 版
印　　次：2013 年 5 月第 1 次印刷
标准书号：ISBN 978-7-5639-3462-1
定　　价：25.00 元

序

　　影像，总是脑海中能够形成的最直观，且最清晰的印象。文字，总有些过于含情脉脉，有点雾里看花水中望月的朦胧，比不得影像第一时间跳将出来的鲜艳分明。因此，当提到丁玲时，我首先回忆起的，是她的模样。

　　原谅我的粗鄙和肤浅，总习惯先仔仔细细地相看一个人的相貌，再去窥视和体味他的内心和灵魂，因为我总单纯偏执地坚信相由心生。

　　那方小像上的丁玲，正是风华正茂的年纪，容貌算不上倾国倾城。后人最爱在过往才女身上穿凿附会，欢喜每个才情四溢的女子都美貌得举世无双，好形容她们才貌双全，以显示她们的确是得天独厚的，上苍格外垂怜的。然而，丁玲虽然没有颠倒众生、惊艳粉黛的颜色，却亦是细眉长眼，清秀婉约。都说"腹有诗书气自华"，那时的丁玲,有着好年华,又有着好才华,很有种温柔沉静的神韵。

其实年轻时候的丁玲,还很有些傲气的。自命清高的女子往往会教人讨厌,而隐然有傲骨的女子,却通常令人钦佩。丁玲虽生逢乱世,烽火硝烟却没能磨平她的棱角和锋芒,她更像是出鞘的剑,也像是鲁迅笔下的战士。身为女子,一旦有了战斗的灵魂与敏锐的心窍,总会格外光彩夺目的。

时光,是永恒的命题。

迟暮,则是人类永远的悲凉。

最是人间留不住,朱颜辞镜花辞树。

老去的丁玲,是从容的,也是优雅的。尽管曾经光洁的额,不可避免地爬上了几缕岁月的细痕;曾经乌黑的发,落下了时光的沧桑。她依旧笑意清浅,姿态温柔。此时的她,已经走过人生绝大多数的旅程。她的人生,有种不可复制、无法粘贴的圆满——生于富贵之家,有位合格而开明的母亲,经受过严霜,也快意过爱情的蜜甜。有家庭,有事业,有名声,有阅历,女人如是,已足够骄傲。作为那个时代的传奇女子,同样也作为一名普通女子,丁玲深切洞悉命运的残酷和不可强求,所以她的双眸里,才会有那样的宽容与安宁。

年华渐远，前尘中曾纷扰过的点滴，终将化为尘土，如同深坳里开过的繁花，循着生命中写好的轨迹，萌生，盛放，惊艳，尔后凋零。尘世苍茫如海，我们不过是其中最微小的尘埃，而我们只需要相信、坚守内心的独立，寂静相守，默然欢喜。届时，我们会是自己最骄傲的繁华。

目　录

第一章　半生流离如一梦

故　里

故乡,这是一个多么温暖亲切的字眼。

一个生命,瓜熟蒂落,伊始之地,是从这个温暖字眼上,缓缓展开的。守着故乡,过了一辈子的人,永远都不会晓得,游子们的思乡之苦。有人怀念江南草长莺飞,春暖花开的喜悦;有人思念塞北风沙满地,金戈铁马的锤炼;有人渴求西疆天阔云低,碧水蓝天的清澈。

魂牵梦萦时,万般总不离乡愁。

南北千山与万山,轩车谁不思乡关。

然而我们依旧要庆幸,在这个苍茫的人世间,我们还拥有一个可以等,可以盼,可以思,可以念的所在,它可以被我们妥帖珍藏在心灵最深处的地方，安然守护，如守护一场最美好的梦。人世存在太多的变故，风水常转，霜雪时回，唯有这场关于童真，关于无忧，关于纯净灵魂的故土之梦，它在那里，永不会变。

每个人都拥有这样一个梦。

一辈子守着故土不曾远离的人，无法体味半生流离后，对故乡的渴切。总有人为了各种各样的原因，远离故乡。那或许是为了追求某个孜孜不倦的梦想，或许是因为某些无法言说的悲凉。自求或被迫，可在今后漫长的岁月里，故乡魂，将会是最坚韧、最可靠的依归。

魂归故里，落叶归根。

恐怕在所有游子心中，都有这样一个执着沉默的愿望。

故乡，它在我们身上刻下的烙印，跟随我们一生，悄无声息地落地，生根。江南的温柔，塞北的豪爽，西疆的清朗，这是一种无法言说，又无法摆脱的气韵。将乡音更替成纯正的官话，需要多久，至多不过一两年；将故土习俗换置成异地风情，需要多久，至多也不过两三年。乡音易改，故习易更，唯独故乡给予我们的印记，无法磨灭。

湖南临澧，这个湘江、沅江、澧水三支河流交汇而形成的小县城，依山傍水，风景独好。

桃源武陵山的余脉，千古洞庭形成的盆地，一直延伸到了这里。踏上这片土地，就让人无法控制思绪，只想用王勃那句"人杰地灵，物华天宝"加以描摹，加以形容。流云，在浩瀚的天际徘徊；江流，从源头永不间断地奔往前方。哪管岁月更迭，风云变幻。

这里，历来烟火鼎盛。曾经，在这里，也诞生过不少伟人，但时光流逝，总有那么多名字会被我们遗忘在身后，我们所能够记住的，只是最出众的，或者是触碰过我们心灵深处那根隐秘琴弦的。人生而孤独，如果没有这些温柔的美好的事物，我们拿什么来丰盈苍白的岁月。

我能记住这个寻常又不平凡的小城，源于丁玲。而我能记住她，或许是因为她的"莎菲"，或许因为我们同为女子，后者可能可笑，世间女子千千万，美貌的娇娆的温柔的可心的，每一朵都是与众不同的花，可是没有一朵花，像她那样勇敢坚定，如同浴火重生的凤凰。

不是每个人都有跌倒了，就爬起来的勇气，也不是每个人都能拥有在经历无法想象的磨难后，能再度风华的傲岸。我所佩服的，不过是她的勇气，她的心。

这个藏于三江，始于沃土的小城，如今已穿上了时代的华裳。高楼次第拔地而起,各种现代化设施屡见不鲜。然而它并未遗忘自己的历史,抛却自己的过往,尽管那些历史的见证,已经有些格格不入。

江边依旧立着的古老吊脚楼,每日听着江水咿呀独唱,寂静地,沉默地迎来送往,它身上斑驳着旧日痕迹,每个角落,都写满了故事,如日光悠长。在这里,我追寻着那位勇敢女子的足迹,跋山涉水,风尘千里。只是我不曾预料,她曾生长的地方,几乎跟这座繁华的小城毫无干系。

黑胡子冲——丁玲最原始的故乡。这是个需要骑马、坐轿才能一窥真容的小村,在纷扰喧哗的红尘里,已经很难找到这样一处清幽动人的所在。草木幽深,繁花似锦,这里干净得当真如同陶渊明笔下的世外桃源。

我想,我们是需要出来走走了。

在这个坐地日行八万里的时代,我们只要守着一台小小的电脑,仿佛就能够遨游整个世界。然而,那样的世界,是不是我们能够用手触碰,能够俯首轻闻、侧耳倾听的世界?那些快捷方便的现代化设施,是不是足以值得我们用触手可及的真实去交换呢?

浸透红尘日久,我们着实需要开门推窗,亲自寻访一处能够洗净疲敝心灵、净化风尘外衣的地方。

而这个地方，有山有水有竹林，遍布绿意，美好得像是许久许久之前，哪位吟游诗人低吟浅唱的一首诗。大约也只有这样的地方，才能养育出这样一位才华出众的女子了。好比沈从文笔下的翠翠，换了湘西幽幽风水，替了湘江悠悠唱晚，哪里能孕育出那样清透伶俐的姑娘。

可惜的是，时光流逝，并不是什么都没有改变。时光的美妙也在这里，它能够改变一些事，也能够令一些事，在人心里镌刻永久。1904年，孙中山先生为他的梦想满世界奔走，而这个国家，满目疮痍，遍地硝烟。就是这一年，这个宁静小村里，一户蒋姓人家里，诞生了一个女婴。这户人家，有着几进几出的深宅大院，一切都很符合人们对富贵人家的定义。

后来这里的人们，提到那座蒋家大宅时，总不无艳羡地描述，大宅门口曾置着一方长石，这块石头被称为"下马石"，即便是知府来了也得停轿下马，步行而入。与下马石一样声名远播的还有蒋家那富丽堂皇的戏楼，据说这座戏楼，用的通通都是上好木材，更叫人瞠目结舌的是，它还用象牙和宝石以装饰辉煌。除此之外，蒋家的花园是专门请了上海的工程师精心设计的，用料是从无锡千里迢迢地水运过来的，就连他家的佃户，也专门住在蒋家另起的一条长街上。

豪门大户里的威严，自古以来是男儿支撑起来的，家族的血脉和荣光只有在男孩的身上才能够传承。丁玲的父亲，这位蒋家少爷，同样是如许期待，然而，女儿的到来，却让父亲的期望全部落空。蒋父叹息之余，将这个原本留给男儿的名字转给了自己的长女——蒋伟。

虽没有一个男儿传承血脉，父亲却给了这个孩子男儿郎的使命。他给她一个男儿郎的名字，就是将重如山的责任紧紧地附着在她的生命中。就算是后来她为自己取了"丁玲"这个名字，也始终无法摆脱宿命中沉重的责任。

蒋家是当地出了名的富户，奢华谈不上，却门楣高挺。富贵的里子往往容易滋生骄腐，除却几位远房的贫寒书生，蒋家子弟，极少不是纨绔子弟。正如那华美的袍子上，暗生结群的虱子。

丁玲的祖母，孀居时依然年轻，她的丈夫在三十五岁时便死去。红颜福薄，她几乎是做了一辈子的寡妇，还好有儿女陪伴，可以寄望余生。

苦楚就如同花粉，散播在下一辈的宿命里。她的儿媳，大多也循着她的路子，年纪轻轻便孤身一人，领着膝下几个孩子,乏味而平静地走过人生。好好的一次生命,却死寂如同尘埃,未及绚烂飞扬过,却早早地归于沉寂。

一代代人,在富贵里演绎着相同的人生悲欢,平静里带着些许悲哀。然而,芸芸众生里,总会有些异数。在丁玲之前,这户人家与众不同,没有走上那条老路的,只有丁玲的二伯父和一位叔叔。他们看透了荣华里的钩心斗角,奢靡里的空洞凄凉,一位将红尘早早看破,念着佛经皈依佛祖门下;另一位更加出格,干脆上山当了土匪。痛快倒是痛快了,只是偌大蒋家,在丁玲伯父和父亲相继去世后,便剩下了满门寡妇,冷清得令人忍不住要做噩梦。噩梦如蛇,在每一个昏暗的午夜里缠绕着那一道富贵的门楣,冷冷地窥视这一大家人的悲欢。

其实如果丁玲的父亲未曾死去,那她还是这个大家族中备受宠爱的小姐。闺门里的纤纤女流,闲来看花喂鸟,忙起来,也至多做些女红,绣几方罗帕或是锦囊。等到待嫁的年龄,自有父母为她寻一户门当户对的人家,尔后成婚,相夫,教子,一世安宁,操心的,也不过是些富贵里的琐事。当时的深门闺秀,莫不是如此。

她终究没能这样安稳地成长,平静地度过她的一生。

三岁,她的父亲便溘然长逝。留下年轻的母亲,以及几个月后才出生的遗腹子。自此之后，就剩下母子三人，相依为命。

这样的生活，是困苦还是安乐，是很容易教人一眼看穿的。年轻的母亲，自己还懵懂不知，从一个无所事事的少奶奶，变成任何事情都得亲力亲为的憔悴妇人，仿佛只是一夜之间的事。女人，是很容易就老的。安乐娇奢里，自然时光都流淌得慢了，若是贫困交加了，日子难过起来，人也渐渐就苍老了。

那时的丁玲还只有三岁。三岁时，我们在做什么？一帆风顺的少年们，很少对这个年纪的事情有印象。但是一夜之间，生活变得天翻地覆的丁玲，我想她应该是有所感触的。昨日，还是位娇滴滴的，大家捧在手心里，宠着疼着的小姑娘；翌日就看到母亲拧着的眉宇间有说不尽的愁。她是享受过富贵的，对于横生的苦难，感触会比常人来得格外分明些。

正如本来健全的人，突然因为某场车祸丧失了光明，痛苦也比天生的盲人更大些。命运就是这样反复无常，无情得令人忍不住害怕，可偏偏身处其中的人除了默然承受，别无他法。丁玲就是从云端，突然跌落在尘埃里，溅了满身尘土。这个只有三岁的孩子，第一次尝到了人情冷暖、世事苍凉的那杯茶。

如今的蒋家大宅，早已不复存在。残存的遗址上，新建起的是几座寻常无奇的平房。仿佛过去的记忆，已经烟云消散，丁玲在这里存在过的痕迹，也日渐淡薄。她过早就离开了这个故乡，在她今后的人生里，她甚少回到故里，也甚少在笔墨里提及这座安静的小城。但我相信，在她的某个梦里，有灵魂归来过。

寻因觅果，故乡，总归会是人心深处，最温暖的依恋。

童　年

还记得人生最初的开始，那些天真无邪的梦吗？孩提时代，我们总是最渴望长大，等到真正长成这红尘俗世中的一枚常人，又怀念起那些清澈岁月，美好时光。人总是这样反复循环，跌跌撞撞，就在不经意里发觉——我们已经走过人生绝大多数的旅程。

《时光旅行者的妻子》里的男主人公，是一个可以任意遨游在任何时空的人，而他的妻子则没有如此的本事，只能留在原本的时空里，等待他的归来，他的再次离开，还有他的再次归来，如此周而复始，盼着他们时空交错的瞬间。在这个风靡穿越的年代，却还没人能拥有那项奇妙的本领，我们只能做做梦。梦是最博大精深的行囊，任何人都能够轻而易举地背起，穿梭在幻想的流光片影里，于是虚幻的欢喜，也能蔓延进残酷的尘世里。

做一个风尘仆仆的旅人，回到自己懵懂的季节看看吧。透过流光的水镜，或许在他人眼里看来，那不过是个玩得忘乎所以的小鬼头，泥里来土里去，早上妈妈给换的干净衣裳，早就是一塌糊涂，回家一定是要挨骂的。可自己知道，那是自己最纯粹的开心，最原始的欢喜，也是自己，永远遥远与回不去的童年。

英国诗人威廉·布雷克这样颂赞一生一次的童年：从一粒沙中看见一个世界，一朵野花中看见天国，用手掌握住无限，一小时就是永恒。

我们不由要感激诗歌的美丽，短短几行文字，就能描摹出一个神奇的世界，而童年，就是如此干净纯粹，孩童们毫无杂念的清澈目光里，悲伤是纯粹的悲伤，欢喜亦是纯粹的欢喜。即使他们的悲伤，可能只是因为没去成游乐园，他们的欢喜，也可能只是早上妈妈竟然允许他们多吃一块甜腻的巧克力。

而我心中的传奇女子，她的童年，尽管她在后来极少提及，但确实依旧始于那个山清水秀的小村庄，那座承载了太多苍凉和悲哀的深深庭院。丁玲，不，她那时候还叫着蒋伟，这个过于刚硬的名字。她原本该像现如今所有的孩子一样，有个无忧无虑的童年，凡事无需担心，只要有爸爸妈妈在，自己只需乖巧地玩耍和睡觉，这样就足够讨人喜欢，而她的童年刚开始时，也的确是如此的。

生命之初，命运就给丁玲铺了一张灰色幕布。

她的父亲叫蒋保黔，也叫蒋浴岚，祖辈上三代，都是做官的出身。在这样的家庭里，他也考中了秀才，原本也是要走上官宦之路的，却被一场维新运动改变了轨道。这个年轻的男子，成为家里第一个走向外面浩大天地的人。丁玲，就在他东渡日本修习法律时来到了这个世界。这是他的第二个孩子，虽然不是他所期望的男孩，却是第一个存世的孩子，这便得他隐隐的忧伤里裹着一层喜悦。

外面的世界很精彩，外面的世界很无奈，年轻的父亲在外面打拼，尽管丰衣足食周身富贵，却时常被孤独和寂寞缠绕，外面再好再堂皇，也抵不过家的温暖。思念积久成疾，加之无法适应日本粘腻湿润的气候，原本身体就虚弱的他又患上了肺病。他在丁玲出生不久后就返回国内来，此后便一直在家里，度过接下来短暂的人生岁月。

走马观灯，他见识过不少新鲜的东西。他到底是这个大家庭里第一个"开过眼"，接受过新思想的人，等级思想已经被新思潮浸润，他可以跟厨子下人们侃侃而谈，聊上一整天，却跟同胞兄弟们无话可说，他觉得他们乏味无趣，而兄弟们却觉得他被外头的花花世界变成了异类。对于他的妻子，他也在她身上尝试过一些新玩意儿，比如要求妻子放足，并将家人对妻子的苛责一律承担下来。总之，他为这个封闭已久的家庭带来了一些的新的东西。

外表再光鲜，也是包不住发黑的里子，他的灵魂，早已经被封建社会腐蚀，这些也不能改变他是个纨绔子弟的事实。他整日游手好闲，在酒香云烟里买马赠马，颇有魏晋名士的潇洒气度。在他眼里，金钱当真如粪土，流水一样地去，引不起他半丝感叹。他的身体，也在如此的花天酒地里渐渐地空虚起来，最后油尽灯枯，一场肺病就断送了他三十余岁的年轻生命。

闭眼时，这位早逝的纨绔，大约只是感叹自己还没见到传递香火的儿子，就要离开人世了。至于女儿，他实际上并没花什么疼惜的心血，他不在乎添一张吃饭的嘴，也不在乎送一副不错的嫁妆，要他花些时间在女儿上头，倒不如再去瞧瞧马厩里新买的那几匹马。他当然不会想到，这个不受他宠爱的孩子，会成为20世纪中国文坛上一颗璀璨的明星，而他自己，变成了女儿生命中，可有可无的一笔浅墨。我们看到的故事里，没有浓浓的父女情深，而是布满了生命的灰暗与悲凉。

幸而，在几个月后，他的遗腹子降生了。如他生前所希望的那样，这是个男孩。但是那时这个小家庭，已经岌岌可危，这个孩子的降生，不过是给那位年轻母亲的额头上，再添几缕细纹，再添几缕愁罢了。丈夫死去的时候，她浑浑噩噩的，并不知道该做些什么，一场白事，事无巨细，都是周遭的下人们安排着，除了哭，她实在不晓得还能怎么办。或许她是早就有当寡妇的准备，只是着实想不到会来得这样急促匆忙。

母亲的无奈，给丁玲的童年留下了极其深刻的印象。她后来这样回忆这骤然来临的灾难——父亲死了，我母亲就完了，我们也完了，我们家的一切都完了。这几个看似寻常平淡的"完了"里，不啻是一个个闷雷，打在人心上，血淋淋的，叫人仓皇里寻觅着哪里可以躲雨，然而茫茫四

13

下，竟然是空无一尘的。

的确是"完了"。

母亲还没走出丧夫的悲恸，丈夫的同胞弟兄，就赶着到母亲房里来，追问早逝的兄长留下的遗产。人情冷暖，人走茶凉，虽然是人世间最平凡的道理，可临到自己头上，总令一颗已寒透了的心，再豁出一条伤口来。

从前口头上说得那样好听，兄弟，手足情深，血浓于水，平日里客客气气兄友弟恭的，可一转眼，他们却对着兄弟的遗孀，孤儿寡母的，露出狰狞脸孔，满心满眼只牵挂着那白花花的银子，毫无顾忌地列出各项债目来。情义淡薄如水，他们算计孤苦无依的母子三人，真是手到擒来。

物质丰盈的年代里，鲜少有人尝过如此孤苦的辛酸滋味，尤其是在懵懂无知的孩提时代。那仿佛是离我们太过遥远的生活，不知是我们太幸福，还是有些人太凄苦。所以我们看到这样的凄凉惨淡时，油然而生的同情里，总感慨天地如此之大，阳光繁盛，也有它所普济不到的阴冷角落。

幸好，并不是所有的苦难，都会摧残人的肉体，消磨人的心志，最终将人生生逼上绝路。苦难，有时也是人生转折的契机，而奇迹，往往由此而生。正所谓，宝剑锋从磨砺出，梅花香自苦寒来。

苦难的命运，会打磨出坚硬的灵魂。丁玲的母亲，就是在这样的困境和窘迫里，决然地走出了丧夫之痛，她的孩子还小，女儿三岁，儿子还在襁褓之中嗷嗷待哺，作为母亲，她绝不可能如此离去。面对那如狼似虎的叔伯，她挺身而出，变卖家产，硬是还清了他们列出的所有债款。可此时，偌大的蒋家，什么都已经是别人的，这个地方，已经没有他们的容身之处了。她感叹命运不公，人情淡漠，但那又能怎样，她也只能感叹了。

烟花易冷，人情易凉，饱经人世变故后，沧桑的不只是岁月，还有人心。所谓的兄弟叔伯，哪里有那样的仁义心肠，不曾追着逼着刮去他们最后一点粮财，已经是高抬贵手了，何况有的是卑鄙小人，赶着他们要他们走。血脉相连的亲人，竟然还比不上家中的老仆，他们还殷切热心地给年轻的母亲出过主意，真诚希望她可以走出这灾难，将这个家顶起来。他们觉得她还有个儿子，送去学堂好好念书，中了状元当了官，就能把家业重新振作起来。

这时候，娘家的兄弟来了信，说是愿意接收他们母子三人。这有如一根救命稻草，母亲收拾好仅剩的行李，抱着儿子，牵着女儿，就这样踏出了蒋家的大门。其实，也就是几年前，她坐着船，望着远方水天一线，碧水东流，她怀着满心期待，在心里暗自描绘着未来丈夫的模样，勾画着即将展开的幸福生活的蓝图。

那时的天很蓝，碧空如洗，水也很清，明澈见底。一切都像是最完美的画卷，她是这个尘世里最娇憨烂漫的新娘，她坐在轿子里静下心来，愉悦欢喜，心底也像是开出了花，一直开到心外来。十里红妆，凤冠霞帔，她是那样踏进蒋家大门的。她没想到，今日，她却是这样悲凉凄惨地离开，白雾冷霜里，无人送行，只有几个无赖追着她要钱要物。除了两个血肉相连的孩子，她身边只有一口衣箱、一卷铺盖与租来的一顶轿子。

四岁的丁玲紧紧依偎在母亲身边，回首遥望，是她自小长大的那座深宅古院。那里，有她高高荡起过的秋千，有她亲手种下的花，还有与她追打过嬉闹过的小小玩伴们。水长流，梦常醒，她的富贵童年，宛如匆匆划过的流星，今夕何夕的昙花一现，瞬息里，就泯灭在幽幽无声的岁月长河里。

清秋的烟雨染过漫山的岚雾，日月积累的青苔湿滑了细碎的羊肠小径。初涉世事的女孩自此告别了一无所忧的童年，被反复无常的命运推搡着，前往奔赴一场一无所知的前程命途。命运是诡谲的，是喜怒难测的，此时的母女，都怀着这种无奈的忐忑，她们只能决然地，义无反顾地，任时光的洪流，将她们捎往未知的彼岸。

正如草木无法预知明日，将会是阳光万丈，还是风霜满地，她们也无法洞悉命运的意图，只有那襁褓中的小小婴儿，吃饱了会对着愁眉不展的母亲打个饱嗝，对着初晓人事的小姐姐甜甜一笑。无知的人是最幸福的人，这个小婴儿，是此行中，她们唯一的欢笑所在了。也是，再疲敝的旅途里，笑一笑，暂且洗尽风尘，享受一笑的明光，将纷纷微尘，且付与流水去。

少　时

挑拣一个阳光灿烂的日子，要天朗气清，云白风和。背上你最爱的书，带上你最欢喜的茶，约上两三个你最亲密的朋友，去春深绿浓的野外走走。绿肥红瘦的晚春日子，切莫辜负了青春韶光，也切莫在晚年的老槐树下，找不到可以回忆炫耀的谈资。

少年时光，当真是我们人生中最美好的一笔。万里江山，千顷珍宝，亦换不来青春的一瞬。这个意气风发的年代，我们可以选择挥斥方遒，也可以选择青灯疾书，还可以选择肆无忌惮逍遥快活。人生可以有各种模样，少年时，也可以飞花柳絮，千娇百媚。再荒唐的事情，也可以笑一笑说，人不轻狂枉年少。临老了想起来，不妨高声谈笑，想当年，大爷我如何又如何。这样的追忆里，醉里带痴，痴里带狂，这狂里，未免也有几分豪气万丈。

丁玲四岁那年，无处容身的丁玲母子，回到了武陵的娘家。这个充满桃花、美酒、春天的地方，后来被改名常德。余家那个嫁出去的女儿，结束了那段不幸的婚姻，带着两个孩子，又回到了这个自小长大的故乡。

彼时，光年易转，到底是已物是人非了。

慈祥开明的父亲已经故去，那位风趣温和的老人，对于孩子们是格外宠爱纵容，说是父女，其实更像一对朋友。两人一块儿下棋，看小说，他甚至允许女儿喝点小酒，他虽然是按着古训教育孩子们，但更多的是新式的开放。丁玲的母亲，就是被这样教育长大的，洋书，其实她还待字闺中时便看了不少，她的思想也丝毫不逊于行走在外的男子们。

大凡曾经都是美好的,而所有美好光景总是那样容易逝去,然后在记忆里时隐时现,跳上眉梢,再时刻地提醒着此刻的艰辛与不如意。

她们的归来,是落魄的姿态,并不是短暂的归宁,而是长久的寄人篱下,甚至连母亲自己,也不知晓这会持续到什么时候。她只是看一步,再走一步。长远的打算,她没想过,也不太敢想。每一处未来里,都有她的恐慌和担忧,母亲被这苦楚的命运摆弄得累了,在现在这家庭里,她是没有话语权的,吃闲饭的人,到底说话都软极了,没有底气。她每一步都是小心翼翼着,不敢越雷池半步,家中的是非恩怨,她不敢去掺和,两个孩子也被教导不能做出什么出格的事来。恪守本分,是在这个家里,母子三人唯一应该做的事。

家里同年纪的兄弟姐妹极多,小小的丁玲穿着略显陈旧的衣裳,第一次知道"寄人篱下"的真正含义。那味道,有苦、有涩也有酸,《红楼梦》中林黛玉时常迎风流泪,他人不解其苦。若不是当真到了那境地,又有谁能洞彻其中的悲凉呢。

亲人,不是血脉相连的至亲,隔了一层血缘,就算是面对面谈笑着,心也是隔了千重远山。家,亦不是自己真正的家,细微的骄纵任性都需收拾起来,做一张乖巧懂事的面具,日日戴着。

兄弟姐妹们灿烂多彩,映得丁玲更加灰暗渺小,照顾自己的只有母亲,而舅舅家的孩子,哪个不是丫环成群、前呼后拥的,丁玲的表妹只比她小一些,穿得如瓷娃娃一般,被捧在掌心如明珠一样呵护着。可她呢,还应该在慈母怀中撒娇耍赖的孩子,一日日地,尝着这人世辛酸百味,当真过早成熟了。清灯剪影,此中冷暖,是劫是缘,也只有自知罢了。命运是自己的路,原本与他人无关,可表妹的绚烂照映着丁玲的灰暗。这使得丁玲在小小年纪里,就体会到人生艰难。

如今当家做主的是丁玲的舅舅,他曾和丁玲的父亲一起东渡日本,也接受了新式的教育和思想,甚至还开办了女学堂,将这新派的做法贯彻得十分地道。丁玲的母亲对于自己在家中吃闲饭,时常觉得不安,于是同弟弟商量后打算再去上几年学,出来之后好歹也可以当个女先生,总归可以自己糊口,不必再看人眼色。

这本是件好事,我们现在的女孩,也应该学一些本事。可以不必站在顶端,也可以不必光芒四射,只要能不短衣食，自给自足就极好，这样就足以无愧于心。有了一项安身立命的本事，走到哪里，都能坦坦荡荡，不做精致笼子里的金丝雀，行走于世，活一世的潇洒自在。

一个小小的希冀，却给了她心中无限光明，她看到了光芒里映射着未来幸福的图腾。这本是一个好的出路，却遭到了丁玲主持中馈的舅母的反对。直到丁玲的母亲答应定下丁玲和侄子的婚约，舅母这才作罢。其实这位舅母的目的也只有一个。她管理家庭，井井有条，游刃有余，这个王熙凤式的人物，对于投奔而来的姐姐，总觉得不是自家人，如果丁玲能嫁给自己儿子，那自然就是自家人，养他们一家三口，也在情理之中。再说亲上加亲，也是一桩好事。

大凡所得，必然是有所失的。于是，在舅母的百般坚持之下，年幼的丁玲就订下了同表哥的亲事。丁玲的人生大事，就这样被草草定下来，没有人问过她意见，她就如同一颗小小的棋子，被强行地移动，并同另一个人绑在了一起。

丁玲的命运之路，就这样被早早地划定了。在武陵的舅舅家中长大，年纪长成便可以嫁给表兄，继续在这个家庭生活。那以后，她是作为童养媳活在这个家里的，这种滋味，更是难言其苦，寄人篱下尚有羽翼丰满自由飞翔之时,而作为童养媳,就注定了,她的一生都要在这样的环境下度过,就算是死,也是这宅子里的鬼,归入他家的棺冢里。那位叫作玉儿的表哥,虽然也叫"玉",却没有贾宝玉那般怜香惜玉的心肠,自从得知这位表妹日后会成为他的妻子,他时常寻了她来嬉闹,有时便动起手,甚至刻毒地骂上好一会儿。对于他,丁玲是自小就没有好感的,日后离开这个畸形的家庭,自然也在情理之中。

潘多拉在人间释放疾苦之时,也放飞希望。所幸命运并没遗弃丁玲,母亲带着她一同进了常德的女子师范学院,这让她的人生又有了新的转机。一个三十多岁的女人还离家念书,本就是一桩奇事,更何况她还带着年幼的女儿,母女两人一同上学,母亲在成人班,女儿去念幼稚班,成了同学校友,放到今天也算是一件怪事。茶余饭后的谈资,人们永远不嫌多。这件事带来的后果,就是轰动了整个县城,闹得满城风雨。

似乎周围的一些幸福,都在掩映着丁玲的不幸。小小年纪,就尝尽了凄凉滋味。那时幼稚班的同学,下学后往往有车或是轿子来接。年幼的丁玲用目光,将一位位同学都送走,此情此景,想来便令人觉得有些沉重。

五六岁的孩童,最是渴望父母拥抱和关爱,那温暖的感觉,比糖果还要甜美。而疼惜的拥抱,丁玲鲜少得到过,丁玲的母亲,也未必是不心疼丁玲,只是她也无可奈何。她的肩膀上,承载的是一个家庭的重量,她哄得了一次,却哄不了长久,倒不如让丁玲自己站起来。凡事,疼过之后,是成长和坚强。

　　每一天下课后,丁玲总是一个人抱着小书包,站在槐树下,小小的一团,等着妈妈上完课后来接她。孤独,是从幼年到少年,一直侵蚀并同她做伴的。没有玩伴的丁玲,很早就学会了自己和书对话。对书籍的渴望和热爱,大约也是从那时候开始的。渐渐地,她变得不太爱说话,但她依旧很喜欢看书。余家有座藏书楼,是她最爱去的地方。那里面的书都有些年头了,有些是外祖父在外当官的时候,从外面带回来的,有西洋的天文地理,还有许多充斥着新思想新意识的小说。

　　我总认为,这是她为未来的道路打下坚实基础的一刻。人世间天地万物,都需要有一个积累充实的过程。而丁玲,就是在这个藏书楼里,开始了她人生的重要一步。不仅是新式的思想,还有文学的熏陶。没有任何一位作家,可以在毫无积累的情况下创作出千古流芳的作品,丁玲在日后的创作道路上,必然是要感激余家的这座藏书楼的，即使她对余家的绝大多数人，都无甚好感。

想想我们的少年时光，先不要抱怨沉重的课业，也不要悔恨未曾好好珍惜那段最好的年华。我们能回忆起什么？天下太平，衣食无忧，父母的疼爱呵护，我们只需要做好学生的本职工作。我们本来就生活在一个平稳的年代，没有家国动乱，亦没有烽火连天，我们驻足回望，其实我们是应该感到足够幸运的。十年寒窗，十年苦读，在这个时代，我们的努力和心血不会被辜负，它能够浇灌出丰硕的果实，这本身就一件十分幸运的事情，并不是所有人都能有这样的福缘。

昨晚，夜深月浅，我在灯下摊开一卷古书，字迹已泛黄，纸张已陈旧，窗外有风声窸窣而动，宛如经过此地的旅人，在月色下发出的幽幽叹息。我的心绪，始终不得安宁。我揣度着那时那年幼的孩子，她是带着如何的心情走上那座巍巍古楼，又是如何翻开一册册旧书，潜心欢喜地遨游于一个与现实迥异的世界的。

在现实中受到的所有伤害，在那个书香的世界，能够不药而愈吗？依稀里，我好似看见，那个瘦弱孤单的孩子，提着一盏小小的灯，悄悄地行走在迷蒙雾色里。她的身侧，萦绕着浓重，以及挥之不去的孤愁，这不该是属于她这个年纪的。然而，在那时候，谁又有办法挥去她的孤独，带她一同欢喜呢？只愿那盏清灯，能指引她去往该去的前路。

青　春

在没有翻开丁玲的传记之前，我一直以为像她那样勇敢的、传奇的女子，总会有一个出尽风头、独领风骚的青春韶光。1914 年，丁玲的母亲从常德女子师范毕业，为了家庭生计，走上了自己原先所规划好的那条路，前去桃源县立女子小学担任女先生。而此时的丁玲，也随着母亲前往桃源县上学。

苦后方知甜，人生，本就是一个苦乐交叠的历程。离开余家的这段日子，丁玲过得比之前任何一个时期都要惬意，母亲就在触手可及的身边。这个家庭，像是真正独立了，母亲的薪水虽然微薄，可是支撑一个家庭的开支，还可以勉强平衡。丁玲对于如今的情形十分满足，至少她现在不必再看人脸色，也不必为了生活忍气吞声。在余家时,她即便是受人欺侮也只能默不作声。奢求,从来只会令生活雪上加霜,唯有自足,才能带来平静与心安。

母亲也有了闲暇时间,可以花一些精力在她身上,听听她在班上的琐事,也给她讲讲西方国家一些女强人自立自强的故事。柔软的母女温情,温暖了丁玲伤痛的心。后来母女两人回到常德,母亲前往常德东门外女子小学任教,丁玲也跟着母亲在附近小学念书。

这段时期,母亲更加注重对女儿国学上的培养,时常教授她《古文观止》、《论语》或是古代诗词,显然,这种做法令丁玲的国学基础异常扎实。此时的丁玲,如同一朵最初开放的藤萝花,在枝蔓上迎风招展、起舞翩翩地享受着人生最美好的时光。

命运匆匆,催促着美好光阴。一场厄运的飓风悄然而至,1918年,丁玲的弟弟,那个叫作蒋宗大的孩子,跟他的父亲一样,患上了肺炎,没过几天便夭折了。

这个孩子,当时还不过11岁。幼小的年龄,未涉世事,却早早地绝尘而去。命运没有等到他展开荣华,就早早地带走了他的生命。他的离去,留给了亲人不可胜数的伤痛。弟弟夭折后,母亲和丁玲两个人,很长一段时间都沉浸在悲痛之中，无法自拔。她们时常都觉得这个孩子依旧在身边，有时候觉得他只是出门玩耍，玩累了，就会乖乖回家……

生离死别，是生命最痛，如果说父亲的死，丁玲那时还年幼，没有留下深刻印象，心中只有对生活天翻地覆转变的强烈感触。那么失去唯一的弟弟，她此时却深深尝到了痛失亲人的那种悲伤，刻骨铭心。这种强烈的悲伤，是她所永志难忘的。至于母亲，就更加痛苦了，每一次亲人的离别带给她的都是噬心的痛。她青年丧夫，已经是惨极的事情。好不容易，如飘萍一样浮沉着的母子三人，能安定下来，母亲随即又失去了唯一的儿子。那个孩子，像他的父亲，从小身体就不好，母亲则在他身上倾注了更多的心思，如今他骤然离去，更叫她难以适从。孩子的离去，仿佛牵走了她半个魂，她的眼角始终挂着忧伤的痕。

父母的眼光里，总是倾满了期待。做母亲的，自然是将满心的希望都倾注在儿子身上，她虽然不奢望这个孩子日后能出人头地，光耀门楣，却也希望他能安稳长大，一生顺遂，此为天下父母心，她却再难遂愿。此时，丁玲的姨母便来安慰，她安慰的方式十分独特，令丁玲很久之后都还深刻铭记，当时更是如同一记闷棍，又沉又痛地敲在她脑门儿上。

丁玲忽然懂得，这世间最寒的不是那冬日里的寒冰，而是人心。

那位瞎了眼的姨母说，怎么老天偏偏要带走宗大呢，把冰之带走也比这样好啊。此时，丁玲已经改名作冰之，她听到姨母如此安慰母亲时，不由就大惊失色。她从未意识到，原来男孩跟女孩的差别竟是如此之大。在别人眼里，如若死去的是自己，那母亲还有弟弟，可以不必那样悲痛。可死的偏偏是弟弟，剩下她这个女儿，不过是聊胜于无。原本是平等的生命，却因为性别之差，遭遇此等冷眼不公的对待，让她心中燃起愤怒的火焰。

也就是在此时，丁玲意识到自己的母亲，确实只剩下自己了，也唯有自己了。在这个世上，已经没人比母女两人更加血脉紧连的亲人了。母亲今后的指望，也全系在丁玲身上了。于是，瘦弱的少女对着烛火，毅然发誓，她必定要比从前更加刻苦用功，不让母亲失望。

那时的丁玲，就如同火红的玫瑰，拼尽自己的全力，也要绽放美丽的花蕾。就在同一年，丁玲以第一名的成绩考入了桃源湖南省立第二女子师范学校预科。第一名,向来都是高处不胜寒的,也是足以骄傲的。很多人向她投来艳羡的目光,她聪慧过人,成绩斐然,她成了众人眼中十足优秀的小姑娘。但却没人看到那瘦小的少女在背后付出的心血和努力。

以丁玲这样优秀的成绩,完全可以选择比师范更好的学校,读师范是母亲在重重考虑之下,为她作出的打算。一个女孩子,毕业后做一名教师,浸润校园里的书香气,育人教书,工作安稳又体面,还能尽早帮到家里,如此自然最好不过。

所有最初的愿景总是美好的,令母亲没想到的是,她的这个决定,却将女儿推向了当时风云变幻的前端。

1919年,这注定是中国史乃至世界史上一个不平凡的年头。中国代表在巴黎和会的外交失败,传到国内,引起了社会上的剧烈反响。首先站起来的就是青年学生们。他们满腔豪迈激情,他们热血贲张,他们给沉睡的中国注入了滚烫的新鲜血液。

那群觉醒的生命力量,在冰层之下爆破而出,五四运动先是在北京爆发,尔后席卷了全中国各大城市,上海、南京、武汉,一时之间,整个中国陷入这场轰轰烈烈的运动中。

这场学生运动的大潮同样席卷了丁玲正在就读的学校。在比丁玲高几届的同学里，有人起来带头，在她们的带领下，本来就具有新思想的丁玲很快投入这场盛大的学生运动。

人生，总要这样轰轰烈烈地勇敢一回，在日后苍白泛黄的岁月里，才不至于后悔流年清淡寡味，浮云晴空。同一年，丁玲转入了长沙周南女中，命运的转折，为她注入了新的生命力，在这里，她正式接触了"民主"等新思想。她的老师中有一位叫作陈启明的，是新民学会的成员，思想进步，民主开放，给学生们带来了更为先进的教育思想。这位老师，对于丁玲的思想成长，是影响深远的。也就是在这段时间里，丁玲阅读了大量新文学作品，那些作品所带来的思想冲击，是她此前未曾感受过的，她在那书香墨影里渐渐地丰满了思想的羽翼。一个新的世界，就这样在她的眼前，豁然展开，里面的一切，都是那样新奇，那样美好，那样充满活力和生机。

此时，丁玲已经长成一位亭亭玉立的少女。正是时光好，莫辜负，青春年少。经历失怙、失去幼弟的痛楚，又尝尽了人世冷暖，寄人篱下的悲凉，她终于成长为一位正直的，善良的，并且过早就拥有坚定心性的少女。她那颗少女的心,受尽了人世的磨砺,宛如蚌里的珍珠,经历辛酸苦痛,方能光彩璀璨。只是此时的丁玲还不知晓,她的人生,比她所能够想象的,还要精彩曲折,她所能经历和承受的,将远远超乎她如今视野所及之处。

涅　槃

可曾有那么一个瞬间,忽然就迷恋上了一座城。可能只是因为一个名字,也可能只是因为一首诗,或者,就是因为某个流年里,失而复得的美丽画面。或许,这座城,只存在于心灵最深处的地方,任何其他人都无法接近,无法触碰,只有自己,可以在夜深阑静时,低吟浅唱,梦回一次,这座小小的心城。或许,我们这一生都不会再有机会前往,因为生怕亲眼目睹时,那已经不是自己梦中的模样。

世事变幻无常,定数难说,而那座城,它的湖光山色可能已经凋零成明日黄花,它的柳絮依影可能换成了无边飞沙,我们害怕再踏入这座梦想里的城时,所受的失望与鲜明凄凉。正如近乡情怯,此行,还不如不行。

于是我们的心，已经将这座城细密包裹，如同蚕蛹，密不透风，冷暖自知。我们不用担心它为别人所窥视，也无需担忧它离我们而去。这只是我们在那瞬间，心底开出的花。

我想知道，丁玲的心里的城，又是如何的模样。原谅我的自作主张，以她在人生分岔路口时居住的那座城市为雏形，构建了一座城。而它的原名，叫作长沙。

很奇怪，这不过是中国大地上，千万个城市里看似寻常的一个。它没有江南的细雨四月天，春暖莺歌时，也没有塞外金戈铁马的铿锵。它处于中国的腹地，同它周围所有的城市一样，它安静地栖息于湘江之畔，不声不响，悄然就孕育出了中国最鲜艳的红。

其实几千年前，在这片土地上，曾有一位诗人，袖怀清风明月，心揽家国天下，如同最完美无瑕的白璧，以羸弱之身，且歌且行。忠臣的结局总惨淡得令人望而却步，这位诗人，徒有爱国壮志之心，却空无报国之门。

无知有时也是一种幸福。他不幸，便不幸在他是有识之士。一颗热血沸腾的心，经不起一而再、再而三的冷水浇泼，也禁不起岁月与世事的无情捉弄。于是，就在草长莺飞的晚春，他怀抱巨石，就这样决然地，毫无转圜地，将此生就此交付流水，将心归与明月。

后人用更真实鲜明的方式来纪念他，每年农历五月初五，是他的祭日。我们以岁月为香，将他置于神一样的庙宇之间，祭祀了上千年。我们铭记他，是要铭记住他的刚烈骨血，铭记住他的清白心。能千古流芳，其气节，必然是百炼不能折的。

追根溯源，原来这片土地上，早就蕴含了这样的坚定信念，早就拥有了如此令人感叹的古老故事，还有热血腾腾的爱国之心。于是，千百年后，也是在这片土地上，无数怀着赤子之心的年轻人挥竿而起，以心头热血，写下了中国全新的章节。

丁玲就是在如斯壮烈之中，随着那些年轻人，一同站在了时代的前列。1921年的夏日，周南女中将陈启明先生无理解雇，为了抗议这一无理举动，丁玲与几个进步同学一同退了学。之后，她和杨开慧、许文煊、徐潜等七名女同学，一起转学到了长沙岳云中学。

这在当时，又引起了一片哗然。男女同校上学，在现在自然是没什么可说的，然而在那个年代里，却是一种壮举。可以说，丁玲她们此举，是开了一项先河，打破了封建的男女大防观念，亦是使女性地位有所提高。

青年学生们的激昂，像破土的嫩芽，在春寒料峭的初春里，冒着寒冷在疯长。

对于之前就读的周南女子中学，除了陈启明先生，丁玲并无所留恋。随着先生的离开，她的离开也就势在必行。丁玲是周南女中的学生里，年纪最小的，她的同学们，大多来自更加遥远的地方，她们顺着湘水，从上游漂到此地，远离了家乡和亲人，将心中的惶然不安，用另一种方式发泄出来。

对于宣泄心中的不满，丁玲采取的是更直接和鲜明的方式，她剪去了长发，又将旧式的衣着换成了新式的裙子，她参加游行，或是更激烈地上街公然演讲。她的风采和雄心，号召了一群同样心怀壮志的同学。在一帮同年级的学生里，丁玲显然成了核心领袖。

时光飞快地逐着岁月的浪花飞奔而去，不经意之间，丁玲已经长成了明眸皓齿的少女。在她这个年龄，许多女孩子已经辍学回家，家里开始给她们置办嫁妆，同亲家商量着开始办喜事了。甚至有些女孩子，已经早早当了母亲。那是旧时诸多女子的宿命，这时候，长期困扰着丁玲母女的那个问题，也开始显露出来，令她们无法再逃避下去了。

前几年，丁玲的母亲可以说女儿年纪尚小，在外面念着书，还可以暂且拖一拖。然而随着年纪的增长，这桩事，到了不得不解决的地步了。

婚姻是幸福的树，丁玲是定过亲的，那是同年长她两岁的表兄。说起来，他们还是青梅竹马的关系，竹马绕青梅，原本该是溢满了漫漫柔情，可他们之间的关系太过冰冷，表兄自小喜欢欺负丁玲，而丁玲也十分厌恶这位表兄，两人可以说是水火两不相容。如今，丁玲已经到了待嫁之龄，要她嫁与这位表兄为妇，是万万不可能的。何况在外读书的这几年，她思想里萌发了民主意识，对于这种包办婚姻的封建作为，更是要反抗到底。她要解除同余家表兄的婚约，斩断自己身上的封建枷锁，做一个自由人，为自己而活。

抗婚，并不是一件容易的事情，首先，便要背个忘恩负义的罪名。父亲死后，丁玲母子三人前来投奔三舅，是三舅收留了他们，在丁玲母亲能够自食其力之前，他们都是倚仗着这位三舅生活。而母亲能够当上女先生，也不乏三舅在其中出的力。母亲和三舅是血脉相连的同胞，虽然三舅不好相处，但是他对自己这个姐姐，还是照顾周全的。姐弟两人之间，感情自小极好。若要母亲出面回绝了这门婚事,必然会伤害他们姐弟之间的感情。亲戚之间,许多事情,若是撕破脸皮放到明面上,便再也没有了挽回的余地。顺从与抗争,两条路,丁玲都深感为难。

丁玲对于这位三舅的感情,是十分淡薄的。仅仅是亲属的一种关系,却没有什么亲情可言。虽然他也算是一位开明人士,但是封建主义在他身上刻下的烙印,依旧极其明显。在外人面前,他永远是温和善良的,对于他人的意见他也表现出乐于采纳的样子。然而对于他的整个家庭,他则十分专断独行。他收留了守寡的姐姐一家的同时,他也成了母子三人的家长,凡事不论巨细,必须要听从他的意见,丁玲稍有忤逆便会惹来轩然大波。

对于丁玲擅作主张将长发剪去,三舅见到后愕然大怒。他认为,一个女子该是温柔如水,端淑顺从,丁玲如此作为,自然令他怒气难遏。他当着妻子的面怒斥外甥女,而他的妻子,一贯以来并不是十分喜欢这个叛逆的丫头,她当即赞同丈夫的说法,也对丁玲大加指责。亲人之间,没有半分情分,只有无尽的争执和冷眼。这让丁玲的心,无时无刻地感受到一种刺骨的冰寒。面对这样的无礼行径,丁玲忍不住反唇相讥,三人当即不欢而散。

苍茫人生路,一重风雨一重山,丁玲在小小的年纪里就尝到了人情冷暖。

丁玲讨厌自己这位舅舅到什么地步呢?在她的心目中,她的这位舅舅的许多行为都令她感到不齿。当她的愤怒燃烧成了火焰,她亲自写了稿子,揭露三舅的种种行为,并投给了常德的《民国日报》,然而这篇稿子被报社和舅舅压了下来。心中的真实想法不能言,她感到巨大的愤怒和压抑,如同被人绑缚着灵魂,扼住了喉咙。

丁玲在郁结之下公然向三舅表明,她要离开常德,前去上海,她誓要将这种封建行径曝露在人们眼前。新时代的太阳已经升起,她相信,在上海这样一座开明的城市,会有那么一束阳光,照亮这块阴暗封建的暗疮。

年少光景,人总是意气风发。爱就是爱,恨就是恨,鲜明得令人感慨。当时的丁玲,就是这样一位热烈的少女,她爱恨分明,眼眸里迸着火热的光。一旦决定开花,就会鲜活地怒放,迎风傲雨,勇敢地接受岁月的洗礼。也正是这样一种性格,她才会在后来艰苦的人生岁月中,依旧艳丽芬芳。

这样一篇大胆的文章，是丁玲走上作家创作道路之前，十分具有研究价值的一篇文章。或许，连当时的报社主编都预料到了这篇文章日后的举足轻重，又或许是因为其他某些缘由，这篇文章还是在报纸上发表了。后果，是可以想象的，丁玲再度成为这座小城的焦点。她就像一个焦点，灼热而闪亮，她用倔强和叛逆演绎出了独具特色的人生传奇。

子女不孝顺父母，是为忤逆。而外甥女写文章痛骂养大她的舅舅，这在常人看来，又是何等轰动的事情。余家是常德的名门，这位舅舅又是常德十分有名的士绅。此文章一经现世，则引来无数目光。舅舅的面子被那一粒粒文字染得漆黑。舅舅的愤怒也被那一张小小的报纸点燃。他被丁玲生生刺痛。

这是丁玲和余家正式决裂的开始，从这之后，丁玲就正式离开了这个在她眼里，充满腐朽气息，充满封建专制的古老家庭。

至于她和表兄的婚事，自然也就此作罢。她以后，永远都不会再回到这里，也不会给他们任何机会将她强行地押上花轿嫁给表兄。当时的丁玲，就是这么想的。她是心中充满理想和希望的年轻人，理想给予她莫大的勇气,她以此铸成利剑,削荆斩棘,硬生生地就劈开了一条通往前方的道路。即使这条道路上,还都是尖沙利石,但她勇者无惧,并不害怕将会遇到怎样的困难痛苦。

　　她就这样,决然地,发誓永不回头地踏上了前往上海的火车。丁玲就像是一只涅槃后的凤凰,尽管还柔弱孤单,然而总有一天,能展翅翱翔于她的专属天空,绽放出足以令世人感到刺目的光芒。

第二章　关山万里忆木兰

风　起

风起的时候，你在做什么？

我会站在某个转角，躲在某个屋檐下，安静地，听风。

闭上眼睛，听听这首安静到极致的纯音乐，想想风流动的景色，那么多那么多温柔又哀伤的景色。黄昏薄暮，踮着脚尖行走在雪地里的猫咪，沉静的灌木丛摇曳一点苍白无声的绿，穿着彩色条纹衣服的人们抱着长长的牛角面包，各自走向各自那点淡黄的温暖灯光，而远方的远方，刺破苍穹的塔尖，宛如骑士为玫瑰们斩出的利剑。

风就在这里。钟塔下的钟声安上了洁白的翅膀，恣意遨游。公园里清脆的笑声，像一只不断翻飞着的广袖，在那里,藏着钢琴和小提琴,时不时就蹦一个欢快的音节。

现实和梦想,像是一念之隔,彼此近在咫尺。然而,梦想美好得那样动人心魄,现实残酷得那样令人幻灭。有些人的梦想总是在现实的怀抱中,如同风中烛火,静悄悄地,无声无息地,就熄灭了。而有些人的梦想,却比前者要坚定得多,这些人敢作敢当,他们信念坚定,做出选择之后就不会后悔,因为他们知道,后悔只会令他们徒增烦恼。这两类人,分明是站在同样的起跑线上的,刚开始那段时光,他们或许还相差不远,但是随着时间的推移,他们的差别就日益扩大了,后来,他们之间曾经并不遥远的距离,就凝聚成了天堑。

丁玲显然就是后者。

上海,是一个千百面的城市。对于这个城市,我总是既充满了恐惧,又充满了向往与期待。它像明灭的烛火,每个分秒都散发着魔魅般的气息,吸引着大千世界的飞蛾,前去扑火。飞蛾的一生,纵使短暂,也异常炫丽。而这盏城市的烛火,是东方最璀璨的明珠。

上海这座城市,是古典的、含蓄的,像丁香般的女子撑着油纸伞,在雨季的青石小巷里,幽幽独行,它如同一首诗,一阕词。这座城市也是现代的、摩登的,是任新鲜血液四处横流的。还没一个城市，比它更具有包容性，更具有海纳百川的风流与胸襟。

在一个风雨飘摇的季节，丁玲与她的几位同学，一同来到了这座中国当时最具潮流的城市。她们年轻气盛，怀着美妙的梦想，她们渴望有一日能展翅而飞，为这个古老的国家换上新衣，唤醒这沉睡了太久的东方巨龙。她们决意为了共同的理想，放弃家中安逸舒适的生活，来此地经受未知的风雨，岁月的考验。

她们都是有心理准备的，也愿意接受命运残酷的挑战。但是当现实当真来临，她们还没来得及叹息一声，就被命运匆匆裹挟。

后来丁玲回忆说，她们四个年纪轻轻的女孩子，在上海租用一个小房间。那个房间的每一寸空间都散发着老旧陈腐的气息，其间空无一物，空得让人心慌，就连床都不曾置放一张。但是经济窘迫，她们四个人只能将就着打了地铺，就这样凑合着度过每一个漆黑阴冷的暗夜，仅仅靠着精神的火焰挨过每一个困苦的日子。

还好生命总是在向前徐行，每一个路口，总会有些意想不到的希望。不久后，四个女孩当中，有一个叫作周敦祜的姑娘在上海的一家私立医院找到了工作。其后丁玲等三个女孩也进入了"平民女子学校",其实那是一所培养共产党人的学校。那时风头甚紧,这种讲习班显然不能放在明面上,只能在暗中偷偷进行。这样的条件下,情况可想而知,老师不能尽兴上课,学生不能真正学到什么。丁玲的母亲还在做教员一职,她每个月都会抽出微薄的薪水,寄给女儿,两人都过得十分辛苦。

当时的女性,大多数还是处在一种令人悲哀的地位的。正如张爱玲在小说中提到的,女孩子读书,不过是为了混一张文凭,日后嫁人找婆家,就是极有面子的嫁妆。确实如此,当时读书上学的女孩,家里的父母肯出钱供她们念书,绝大部分也是怀着这样的念头。当书香成了金贵的脂粉,当书墨成了面子和华裳,女子读书,也就不是觉醒,而是一种更大的悲哀。

不过,丁玲的母亲与丁玲都不是这样想的,她们在书中看到的不是未来的花轿,而是理想和自由。

目前,丁玲迫切地想谋求一份工作,她不想白白地虚度了光阴,更不想让母亲太过劳苦,她如果能找份工作,至少能够养活自己。丁玲上学时念的是师范学校,很自然地,她想到像母亲一样,去当一个教员。如果能够如愿,自然是好。可愿景虽美,却未必容易实现,现实生冷地摆在眼前。上海是一座繁华的城,处处都彰显大城市的风格,那么有哪所学校会愿意聘请一个来自小地方,又毫无背景的年轻姑娘呢。

丁玲屡屡碰壁,而残酷的现实情况日益紧迫,就连做梦她都觉得仿佛自己身后有一头猛兽在紧追不舍。她不得不放低了身段,去一些招聘女工的工厂看一看。她不过是希望求一份温饱的工作,可没有一个工厂愿意要她,因为她看上去娇小、瘦弱,不像是能吃得起苦、干得起体力活的人,求职的失败,亦在情理之中。

上海是一座繁华的城市,耀眼而璀璨,却无情地向她们关上了门。她们像是风中的飘萍,毫无所依地,任风雨吹打。这恐怕是她们在满怀希望奔赴上海时,所始料不及的。刚踏入社会的孩子,凡事都想得过于轻松简单,在她们的世界里,黑就是黑,白就是白。勇气和自信的火焰被冷酷和无情的社会渐渐熄灭。

无奈之下,丁玲和一名叫作王剑虹的同学奔赴南京。南京,六朝古都,汇聚雄浑的历史。她们在一座新的城市里,埋藏下新的希望。然而,现实冲垮了她们的梦想,也教她们彻底失望了。

情况越发地恶化,她们经济上也更加窘迫了。两个人租一间暗凄凄的小房子,找不到工作,两人就这样坐在床上,眼中散着绝望。像是在白茫茫的雨夜里,前无古村,后无山庄,没人能伸出手来援助她们。在后世看来,那不过是烟云一场,如梦如幻月,然而当时身处其间的丁玲,却着实难熬。最痛之痛,唯有亲历者才能懂得。

其实,王剑虹家境是十分显赫的,她原本是不必承受这诸多苦难。她的父亲是政府要员,她出生在那样富裕的家庭中,谋求解放却比丁玲还要更艰难一些。她父亲手中握有权力,他要想令女儿处处碰壁,绝对是一件简单的事情。加之王剑虹的生母早逝,她同后母的关系又是极其差的,父亲断了对她的经济支援,她也是一筹莫展。对那个富贵的巢穴,王剑虹心中并无半分留恋。富贵虽好,在她的眼中却像阴冷黑暗的冰窟。而如今身处困境,她心中却怀揣着温暖的希望。

苦难中形成的情谊,格外珍贵,也格外令人难忘。对于两人的友谊,丁玲在后来的日子里提起来,亦是十分激动。

如果身边有那么一个人,她愿意跟你一起等着,熬着,痛着,希冀着,你知道,她不会背弃你,而你也不会舍弃她,风雨里,两个人可以相依相偎,将彼此所剩不多的勇气与余温拿出来,共同分享,那么,再艰苦也不会觉得过于痛楚。同样一份痛苦,劈成两份分别承担,总好过一个人默默承受。

那时是个寒冷的冬季,南京始终不断地下着雨,使这座古城一直弥漫着蒙蒙的白雾。天气寒凉,岁月难熬。两个女孩子,被困在小小一方角落里,宛如无法挣脱命运枷锁的小动物,只能彼此慰藉着。时光难以打发,她们做过这样好笑又心酸的事情,将一件旧毛衣,拆了又重新织起来,如此反复,时光就在毛衣被一次次新织中流淌了过去。只有有事情做,她们才不至于对人世感到彻底绝望。

等待,是世界上最令人恐惧、苦痛的事情之一了,因为没有人知道自己的希望会不会落空,自己是否能够承载那未知的结果,很多时候,我们不知道我们等待的到底是虚无还是充实。然而不论我们苦痛与否,日子总是那样一天天地过去,不紧不慢,永远沉着镇定,宛如最有经验的刽子手,动起手来,毫不手软,又稳如泰山。那些等待的日子对于丁玲和王剑虹来说,当真好比受刑,更令她们难以忍受的是,这受刑的日子,究竟什么时候才能到头——那仿佛是遥遥无期的。

直到有一日,一位熟人来访。

云　归

江南的雨，这几个字看上去，本身就是一场最好的梦。我再也找不到比它更温柔的物事。如同情人在耳边低声细语，翻卷红尘，淋漓旧梦，叮咛里敲打温存心境。用一场雨，化解一段愁；再用一场雨，凝固旧日辰光。

南京这座千年的古城，烟雨微微浸润，便足够描摹一幅水墨画。堤岸上如烟的长柳，水色里迷蒙的风荷，春日里婉转得好比珠落玉盘的莺啼，曲院青风里，小舟徐徐而来，不知不觉里，就泛开了千年的脉脉。

古城的春日，趁着烟雨未醒，倏忽之间，就翩然来临。而丁玲和王剑虹两人的春天，也随着旧友的拜访，淡泊宁静地浅舒轻展。

最初来拜访她们，为她们两人的生活，涂抹上些微色彩的是她们在平民女校时认识的柯庆施。此人在稍晚些的岁月里，亦是一度叱咤风云，站在时代前列。然而此时的柯先生，同她们一样，零落潦倒，同样为前途发着愁。丁玲认识他，看似机缘巧合，又似那命中注定。

此时,柯先生不知从何处知晓了她们的住址,上门拜访,虽未曾给她们多大的帮助,好歹为她们苍白单调的生活添了一笔微微亮色。

孤寂困苦时,有人能驻足停下,陪自己说上那么两三句话,也能温暖人心。即便那几句话里,不过是谈谈天气说说菜价,最寻常不过的市井内容。

随着柯先生的到来,第二位熟人也前来拜访,他早已是做了父亲的,却依旧能跟这两个年轻的女学生聊得上来。更重要的是,他在不久之后,带来了另一位年轻人。而后者,给她们的生活可以说是带来了更大的转机。

这位年轻人,是中国革命一位出色人物,他最后也为革命献出了生命。他叫瞿秋白,在当时就已经很有些名气,他刚刚从俄国考察回来,谈吐见识,都与常人大相径庭。这样的人物,丁玲和王剑虹对他自然十分欢迎,与他相谈甚欢。他们谈高尔基,谈托尔斯泰,谈普希金等俄国文学大家,还有伏尔加河旁的纤夫,异国街道上各式各样的风情,甚至充满传奇的流浪着的吉卜赛人……可以交谈的东西,犹如漫天繁星,能够结识这样一位朋友,她们自然极是开心的。那段光景,她们的天空开阔了,快乐也多了。

当时，瞿秋白这个名字是同上海大学紧紧联系在一起的。交谈中，他对她们很是欣赏。怀抱着同样一个梦想的人们，总是格外容易熟稔。没过多久，瞿秋白便建议她们去上海大学的文学系瞧一瞧。

这就像是黑暗里，突然开启的一扇小门。从门缝里，露出了些许微光。但即使只是几道明灭不稳的光，却令两个女孩，像是看到了希望，看到了另一种人生，看到了其他可以实现梦想的方式。通往罗马的道路，有羊肠小径，也有阳光大道，有遍地荆棘，也有香槟美酒，她们豁然开朗，感觉终于得到了解脱。

没过多久，随着瞿秋白离开南京，丁玲和王剑虹也决定再度前往上海。这时的上海，在她们眼中，已经不是当初她们仓皇逃离时的模样——这又是一个可爱的、完美的城市了，一切的一切，都充满了那样美妙的韵味。它的时尚摩登，它的温柔婉约，都叫人心动不已。

她们如愿进了上海大学的中文系旁听。当时的上海大学的中文系，聚集了一批国内知名的优秀的文学家。她们像是进入了一座崭新的殿堂。讲外国文学的是当时《小说日报》的主编沈雁冰先生，当时他还没有采用他日后更有名的名字——茅盾。他给学生们讲《荷马史诗》，举手投足之间，充满了感染力。

　　一位好的教授，更应该是一位优秀的表演家。我极其赞同这句话。单调乏味的授课，只是照本宣科，正如几千年来中国传统的私塾教育。那样的授课方式，无非是引起学生的春困秋乏，禁锢弟子的想象力，无法令他们感受到知识真正的魅力。显然，沈先生并非如此。他生动有趣的讲课方式，妙趣横生，丁玲听得津津有味，闲暇之余，她似乎还能看到特洛伊战争下重重的硝烟，诞生在热血和天火之间的奥林匹克众神。

　　而瞿秋白呢，他采用的完全是另外一种方式。他喜欢做一个引领者，而非旁观者。对于学生们，他的方法是润物细无声的，学生能够自主地去发现、学习、透视什么，而不是由他来，给学生硬生生地灌输下去什么。他善于将中国五千年的文明史，放到整个世界的文明史中来，对比比较，让学生们亲自去领受感悟其中深意和内涵。

　　这样浓厚的学术氛围是很容易造就人才的。丁玲在这里的生活，可以说是十分愉快的，能够跟一群志同道合的朋友们，打成一片，相约谈论人生、理想、未来。瞿秋白还抽空教她们两人俄语，这对于长久漂泊在外的丁玲而言，犹如久旱逢甘霖，使她终于找到了属于自己的家园。

她的生活中逐渐看到了阳光和希望，日子里多了欢欣。

意外总是会在生活中不期而遇，丁玲的生活中，又发生了一件大事。

缘分，是命中注定的相遇。那位曾与丁玲共患难，生死不渝的好朋友，和她们的良师益友，深陷爱河。

这段恋情，萌生的最初，连丁玲都没有发觉。直到后来，王剑虹和瞿秋白向众人坦白，众人才恍然大悟。其实大家都有所发觉，但他们实在过于朦胧隐约，直至此刻才大白于天下。陷入热恋的两人很快决定结婚。如此一来，挚友就要离丁玲而去了，她即将建立一个新家庭，而丁玲也不可能再同她住在一起了。她将独自面对今后的生活，无论欢乐与凄苦。

此时，一种复杂的心情萦绕在丁玲心头，曾经相依为命的好友，竟然这样快就要离开她了。她虽然为好友感到高兴，为他们两人的结合由衷地真诚祝福，但此后，她又要重新开始形单影只的生活。寂寞是入骨的毒，会侵蚀人心。而此时，丁玲还只是一个不满二十的女孩子，花一样的年纪，最怕寂寞怕孤单。如若无人分享，花开再艳，也不过是寂寞芬芳梦一场。

纵然她懂得，人生有一段成长的路必然要寂寞走过，不过，当现实摆在眼前，失去好友的陪伴，她难免黯然神伤。

悲伤又如何呢？婚姻是人生大事，王剑虹比她年长三岁，像王剑虹这个年纪的女孩早早就已经出嫁，做了母亲，王剑虹能够有这样一段好姻缘，她着实是应该为王剑虹高兴。更何况，王剑虹遇上的又是那样一个好人。他知识渊博，温柔宁和，是一位难得一遇的谦谦君子，如若换做是丁玲，想必亦是无法抵抗这样一场爱情。

这些一度困扰她的小惆怅，像是见不得光一般，被风一吹，顿时就会消散而去，而此时，一切困难都迎刃而解。王剑虹和瞿秋白结婚之后，理所当然住在一起，不过他们也并没遗忘丁玲这个小友。他们一同搬到了上海大学附近的一幢房子里，一楼住着施存统夫妇，二楼则留给了瞿秋白夫妇，至于丁玲，他们专门空出了一个房间留给她。一切，就这样温柔完美地重新开始了。

像是突然掉进了一个从不敢想的安乐窝，丁玲在这幢双层的房子里，开始了一段新的旅程。她的人生，大多数时候漂泊流离，居无定所。这样一来，她好像就得以真正安定了下来。谁愿意永远流浪呢？谁喜欢永远地背着行囊，寻找心中的香格里拉呢？如若可以安宁，大多数人都会选择后者。流浪，许多时候，也只是为了求得心灵的安宁。

晚上，他们下了课之后，往往会围聚在壁炉旁边，借着一段温暖的火光，或者柔声读一段文学作品，由几位男人讲一讲他们遇到的名人们的逸事：徐志摩是他们谈话内容中的常客，郑振铎的身影也时常出现。若还空，几人便学唱昆曲，有人吹箫伴奏。

若丁玲曾许愿，我想她定曾千百次合掌祈求——若这是一场梦，那此梦便永不要醒；若这是一场真实，那最好能持续至地老天荒。她愿意，只当一位小友，在这些朋友之间，亲密无间，安然享受所有的静谧与美好。

然而中国古话里便总是讲：福兮祸所伏，祸兮福所倚。这所有的一切都只是眼前的幻景，它有时流逝得如闪电般疾速，有时能细水长流，可始终，都会变幻而去。天下无不散的筵席，丁玲深刻明白这个道理，只是她不明白，为何有时上天总是如斯残忍，将原本和美的一切，都变成凄风惨雨般模样。这个结局太匆匆，这令她在往后数十年的岁月里，都不忍回首。

思亲情切，丁玲在某一天提出要回故乡去探望母亲，并打算在同母亲短暂团聚之后，就北上北平念书。对于这个请求，大家自然无法拒绝，尽管他们都十分舍不得这个朋友。而丁玲，也必须孤身一人踏上回程。当时同来的朋友们都已经各自拥有归宿，患难与共的剑虹如今也过上了自己美满的生活，丁玲也就没有什么放心不下的了。离别，总是带着伤愁，她即将要同这些朋友暂时分别了，然而世事难料，下次聚首之期，更不知是何年何月，细细想来，都是愁。

阳光洒在身上，丁玲的心也稍稍转暖，人生漫漫长路，即使会久别，总有一日也会再度重逢。她笑着挥别了她的朋友们，同时也挥别了萦绕在心头的小小伤感。

只是她没有预料到，这一次与好友的阔别，却是永远的诀别。她离开后的十几天，就收到了王剑虹的堂妹急速发来的电报，上面的那几个字令她心惊肉跳。她反反复复看着那几个再清晰不过的字，心里还存在着那么些希望。电报上说：虹姐病危，盼速来沪。她看着看着，泪水就由不得自己控制，迅速地在眼里迷蒙起了雾气。

她想，上天应该不会这样残忍，就这样擅自决定了一个好人的终局。然而，许多事情总是天不遂人愿，越是惧怕的事情，就越会轰然发生，任何人都束手无策。当命运决意从人间带走谁，众人才明白，人类果然只是世界上的一粒微尘,云卷云舒的瞬间,就已经是沧海桑田。

铿锵

仿佛所有悲伤的故事,都源自于一个轻易的离别。我时常会想到,生离和死别,到底哪个更加痛苦。生离,虽然各自天涯,却也知道这个世界上,毕竟还活着那么个人,曾与自己息息相关,即使一生不复相见,也呼吸着同样的空气,跟这个世界上的一草一木一样,活着。而死别呢,造成分别的,不是人为,不是机缘巧合,没有心存侥幸的机会,是上苍过于残忍,使得人们总要泪洒长恨天。甚至,都不给人一个告别的机会,就这样将曾鲜活的生命匆忙带走,似乎也是为他人考虑周全,生怕多一分秒的诀别,就会更加难舍难分。

那是个萧瑟的清秋时节,伤春悲秋,似乎此时就是合该分别的季节。她撑着孤伞,穿过空冷的秋雨,匆匆离开了故乡,踏上了当初四个人一同前往上海的火车。车窗上光影流淌寂灭,借着长风,雨水急急打落。这个悲伤的旅程,由于她的回忆显得更加悲伤。

已经没人能够和她一起回忆当初的勇气了。昔年流影，来去匆匆。不过是几年前的事情，说起来似乎触手可及，近在咫尺。然而，此刻已无人同悲欢。她如此深切地惶恐着，害怕前路漫漫，火车无法带着她及时抵达，她又暗自祈祷火车可以开得再慢一些，不过是害怕结局是她所无法承受的。

这样一段旅程，最好的结果和最坏的结果，在她心头反复徘徊。她下了车，站在来去匆忙的车站，想起当初四个女孩的踌躇满志，意气风发。若知此时悲凉，不知当初还会不会义无反顾。然而，人生没有第二次机会，她只能硬着头皮继续往前。

其实一路上，她也想过这样的结局。可是，她亲眼看到剑虹的棺木停在客厅时，还是觉得荒唐。怎么可能呢？真的，这怎么可能呢？不过是分开了十几天而已，自己临走之前，她来跟自己说，要常回来看看，路上一切小心——那口棺木里，躺着的当真是剑虹吗？那个待她如姐如师的剑虹？她到底还是来迟了一步。她未能来得及见到剑虹最后的笑容。

王剑虹得的是急性肺病，又是这种病，它已经夺去了丁玲两个至亲的生命了，她的父亲，她的弟弟，此时又带走了她最好的朋友。她可以忍受生活中的千般苦痛,却无法承受这种生离死别。永诀,即是永伤。深深地扎根在她的生命中,使她每每想起就万般疼痛。

丁玲脑中一片混乱,她还是不肯相信那个最最亲密的朋友,真的已经离开人世,不止是离开父母,离开她,亦是离开了那个才成婚不到一年的丈夫。刚刚还是幸福如花的女子,转眼间已永垂棺墓,消失在这世界里。这个世界里有的只是关于她的回忆,今后再不会有她的痕迹。

死别,果然是世界上最痛苦的事情,没人能抗拒命运的旨意,所有人都一样。在生和死的问题上,命运倒是十分公平。十年生死两茫茫,不思量,自难忘。苏轼的《江城子》,她自小背得很熟,却从未想到有一日,能被拿来形容此情此景。

唯一值得庆幸的是,剑虹应该从未后悔过与每一个人的相逢。这短暂如同一梦的一生,剑虹信过,爱过,恨过,最终幸福过,应该足够圆满,不至于在黄泉之下,魂魄也无法安息。如若他们这些活着的人,能活得更好,更圆满,剑虹在那个地方,应该也会为他们高兴。

就在这个冰冷的秋天,丁玲和瞿秋白,还有王剑虹的另外一些朋友,就这样同剑虹诀别了。此别,便是绵绵无期了,谁都不晓得何日再重逢。她的生命已经凋零,而还有很多人的生命,才刚刚开始。逝者已逝,生者,还得继续在这个残酷却充满希望的世上活着,奋斗,努力。丁玲亦是这样安慰着自己,尔后她朝着自己的理想,继续奔赴前路。

这次,她选择的地方,是当时中国最大的城市,也是整个中华大地的心脏——北平。她这次并非孤身一人,王剑虹的堂妹同她一起取道北上,前往北平。这次她们选择了海路。一路上,海的诡谲深远,给丁玲留下了十分深刻的印象。

海的蓝,一望无际的蓝,尽头似乎同天打成一线。船头迎风破浪而去,时不时就划过几只翱翔的海鸟,而脚底海水碧蓝幽深,几米深的地方,还能看到欢快潜浪的游鱼。海的广袤、开阔,比陆地上的风景,更有一番不同。自小生长于内陆的丁玲,此前还未曾见过这样波澜壮阔的海。她见过的水,是奔涌而不失细致的湘水、长江,是江南杏花春雨里的小桥流水,如此豪迈广阔的海,只在她梦里出现过,她心里暗自向往过。

海路比陆路要慢得多,她们用了好些时候,辗转才来到北平。现在的丁玲,已经不是刚到上海时那个初出茅庐的小女生,她有经验,也有准备,现在的她,比以往更加成熟与有力量。尽管此时的丁玲,也才十九岁而已。她们住进了一家补习学校的宿舍,这间宿舍坐落在北平某个小胡同里,种着几棵上了年纪的老槐树,春天来临的时候,阳光透过树荫缝隙,应该会很漂亮。

北平的许多地方,她都耳熟能详,她曾在朋友的谈话中听得极其向往,却都没有机会亲自游访。故宫,长城,陶然亭,钟鼓楼,月色中的荷塘。她一面复习各科内容,一面踏遍古都,让千年的历史洗涤她的心灵。

丁玲最初的打算,是考上美术学校,她有几分底子,朋友们也称赞过她的画作。然而北平的学府,到底气粗,她未能如愿。她想了另外个法子,"曲线救国",干脆就去一家私人画室帮忙。她最主要的工作是素描,美术生的生活实在单调,毫无色彩的素描更是乏味,每一日,她就对着画室里的各种雕像,反复涂抹。其实这样也学不到什么,绘画是一门艺术,更多时候则需要神奇的悟性。何况,那画室的主人虽然是一位小有名气的画家,对于教授学生却没有太多耐心,那画家总是如同一阵风,来了又去,丁玲认真完成的画作,有时能得到他一两句评语,绝大多数时候则被生生忽略了。那种疏离的感觉,让她心中一阵落寞。

她细细想来，便觉得这是件浪费光阴的事情，即使半途而废可耻，但能及时回头也不乏是一种选择。然而，生活的紧迫感又重新压了上来，她还没有正式得以谋生。幸好，她身边一直都有朋友相伴，当初的几个朋友陆续来到北平，周敦祜已经辞去了在上海医院的工作，来到北大做了个旁听生。一同住在胡同里的几位朋友，也意气相投、性格相合，所以曾经时常困扰丁玲的寂寞，在这个季节里，倒是没有时常出现。

　　人在危急时刻，总是容易降低警惕性。丁玲为生活发着愁，她还只是个不足二十岁的女孩子，经历的虽然不少，心却依旧单纯柔软。她有时看报纸，看到哪个公司招聘秘书，要年轻的，相貌端正的，学历没太多要求，然而薪水却十分丰厚。她蠢蠢欲动了，幸而她的朋友们劝阻，才免去了不少麻烦和波折。

　　后来又有一位男生要前去法国留学，他同丁玲说，她若是能筹到钱，就能带她一同去法国，而且他拍胸脯保证能够给丁玲找到工作。其实这位男生同丁玲也并不十分相熟，在他眼中，丁玲只是个单纯天真的小女生，好骗得很，又好说话。刚开始时，丁玲也确实是动心了，法国，那是很多人都会心生向往的地方，在香榭丽舍大街上悠然散着步，去普罗旺斯看看薰衣草花海，那是一个充满艺术气息的地方，谁对它都怀着一个美好柔软的梦。

这时候，依旧是她的朋友们看穿了这一切，他们极力说服丁玲不要上当。幸好有这些朋友在，丁玲才不至于上当受骗。她若一人跟着懵懵懂懂地到了法国，语言不通，生如飘萍，当真如同沧海一粟，浮世飘萍，惶惶然地要不知该往何方去了。

丁玲有些迷茫，她不晓得自己该往何方了，她看不到未来的光，即使她未曾前往巴黎，这个问题也困扰她很久了。当初她和王剑虹在南京时，就是如此迷茫，两个人可以相互支撑苦挨着迷茫。而如今，只剩下她一个人，她只觉得更加孤单无助，命运的洪流将把她推向何处？下一处，将会驻足于哪一座城的哪一方？

后来，经人介绍，她写信给鲁迅。当时的鲁迅已经是文坛泰斗，许多青年都写信给他希望他能够施以援手，丁玲也是走投无路，才想到这个办法。她写了封信，寄了出去，每日都殷殷期待着鲁迅能够给她回信。她是那样渴切焦灼，楼下收信的看门人每次看到她，却都挥挥手说，没信，没有你的信。

失望渐渐累积。或许是这样呢，鲁迅已经那样有名，每日来往的信件又是何其之多,会不会她的信,被遗忘在某个角落。丁玲想,总有一日他会看到的,他那样的大师,一定会帮她想想办法的。然而,各种理由都说服干净,直至一天,丁玲再也找不到任何理由来安慰,或者是欺骗自己。这时候,她确实也是山穷水尽了。

心中的那一盏灯,总有一日会被燃烧殆尽。年轻的热血,终究经不起太多风霜的摧残。何况丁玲只是个年轻的女孩,经历这样多的事情,一颗心,终究会觉得疲惫。鲁迅的迟迟不予回复,等于是给困顿中的丁玲最后一击。风雪前路,其行漫漫,她究竟该前往何方呢?

执 着

有没有尝试过,一个人在前无去路后无退路的困境中,悄无声息地等待着什么。万籁俱静,一切细微如尘的声音,似乎都被放大了数倍在耳边加以明晰。缓缓从细石里引出的清泉,极细的一缕,轻微无声地穿过石隙,犹如一根丝线穿过一根针。人世间的事,总是这样艰难,要你历经千辛万苦。

生命是一段烟花，那样凉，那样转瞬即逝，那样轰轰烈烈、璀璨光华。有的人只为追寻那个瞬间的风华，就可以穷尽一生。我们都是追寻繁华的烟花，都是寻觅温暖的飞蛾，生生世世，永不停息。只要有呼吸，就有不止的执着。

丁玲在北平的时候，并不只是遭遇了求生无路、求救无门的双重重负。她的人生，丰富周折得可以写成一出漫长的戏，唱上十天八夜，也依稀未尽。饱经摧残的不止是肉身，更是一颗年轻又沧桑的心。

初到北平，当初的好友良师瞿秋白依旧时常给她来信。当时的瞿秋白已经是一个伟大的革命战士，身负重任。此时的古老国家，犹如身处水深火热的炼狱。他流亡了半生，遇上了命中注定的女子，以为就此可以一生一世一双人。岂料苍天弄人，相守了不过一年的妻子骤然离去，又剩下他，独自于人世默默漂泊，完成未竟的家国大事。

对于自己和亡妻的挚友丁玲，他百忙之中也不曾忘却，时常去信询问她的境况。信是洁白无瑕的柔软纸张，清隽的字迹缓缓顿现，诉说的却是纷繁复杂的情况与人生。他的痛苦和折磨，愧疚与忏悔，透过薄薄的一张纸，如有千钧之重。他向这位小友倾诉，希望她能够理解他的苦痛，然而自身亦焦头烂额中的丁玲，实在无暇去理解领悟，她匆匆回信，不过是略略将自己在北平的近况，同他说一说，便很快放下了笔。

丁玲是在瞿秋白的弟弟瞿云白口中得知她离开上海后的一切的。同样，瞿云白因为兄长的关系，同丁玲也是关系密切的好友。他来到北平，给丁玲看了一张相片。这个过早就成熟的聪慧女孩，只消看上那张照片一眼，就足以明白前因后果，所有原委。她认识相片上的那个美丽女子，那个女子，比她早亡的挚友生得美，也更加健康，浑身都洋溢着一种青春的力量。她叫杨之华，曾经和剑虹一起参加妇女运动，也是她们的战友。在剑虹离开的日子里，她一直在他身边，安慰他，同他一起战斗，他们是一对好战友，最后，她成了他的妻子，代替了剑虹，成为能够同他站在一处比肩的女子。

了解原委，却不代表丁玲能够接受事实。剑虹是她一生的朋友与姐姐，她这一生都不会忘记她。于是她更加无法释怀，不过短短时日，剑虹的丈夫就接受了另一个女人。其实丁玲也知道，凡事不能强求，人的感情无法收放自如。然而道理是道理，做起来却不是那么容易。

此时此刻,她终于明白为什么瞿秋白在给她的来信上,会有那么多的惭愧与无奈,满纸笔墨,能够承载得了那么多吗?难道人的感情,就是淡薄至此?剑虹的离开,不过就是在眼前而已啊,作为曾经相爱的人,怎么能够在这样短的时日里,就将她忘却,就同另一个女人,开始他的新生活?丁玲曾以为的情深似海,终究抵不过苍凉的人间。

她果然还是太小,生活中太多事情,就是那样无奈的。人不能全然地一意孤行,有些时候,缘分终了,尽了就是尽了,拼尽全力穷尽一切去挽回,去留住,也只是徒然虚无。尽管不舍,尽管无可奈何,尽管心头还陈着来不及干涸的血,她也只能默默地承受缘尽的后果、上苍的安排,相信每个人都有自己应该走的路,谁都不能陪伴谁一生一世。

面对这样的结果,她流泪了。她一个人行走在空寂无人的街上,路灯的光影缠绵而冰冷,北平的夜是孤冷的长夜,远处传来起起伏伏的蛙声,同她心里悲哀空寂的呐喊连成一片。老槐树抖落一身窸窣,她却留下了一身的悲哀。她为在家乡辛苦操劳的母亲而哭,为早年夭折还没来得及真正看看这个世界的弟弟而哭,也为刚开始幸福生活就撒手西去的剑虹而哭,更为四处碰壁,不知到底还去往何地的自己放声痛哭。

她一向是自诩更胜男儿的,也经常拿"男儿有泪不轻弹"来激励自己,可是发声哭出来之后,她才知道自己太久没哭,这一下,她仿佛是要将心中的眼泪流干净了才肯罢休。漫漫的长夜里,她孤身一人,坐在昏黄的街灯下,靠着街角那棵老槐树,三轮车从她身边匆匆驶过,有人敲着锣打更,声音划破了漆黑的苍穹。稀稀落落的几个行人走过,将她拉得老长的影子,踩过去,又踏回来。他们不懂,为什么这样的夜里,这个女孩哭得这样惨烈,人世悲惨的事情太多,他们无暇了解。何况,了解了又怎么样呢,他们自顾不暇,听完那些悲惨的故事,他们不过是能摇摇头,叹几声,就风过无声、水过无痕了。

这件事,就像是心中的落红。后日伤好了,她在人前也能够释然了,但是谁能够说,这道伤口,就永远愈合不会发作了呢?爱过就是真的爱过,恨过就是真的恨过,过往的一切,虽然都遥遥无踪,却不能说那些都是没有存在过的泡影。

不久后,她便又给鲁迅写信,未曾收到回音,约莫也是真的要失望了。她的心,就如同经霜的花瓣,在寒风中战栗漂浮,没有着落。此时的社会环境极为紧张,硝烟烽火即将燃起。各种各样的消息，从四面八方纷至沓来，一波一波地，催得人们心里发慌。住在小胡同里的丁玲也听到了。据说驻守东北的军队将要撤出关外，回到关内来。又据说，南北之间似乎就要开战了。这些信息来来往往，难辨真假，却总是能让人心中紧张一番。

剑虹的父亲王先生，是民国时颇有权力的元老人物。北平正在召开一个纪念孙中山先生的会议，他也前来参加。会议开完后，他得知丁玲也在北平，于是便询问她是否有意愿，同他一起回到南方。

一个小女子，孤身漂泊在外，又逢着这样的乱世，到底不是可行的。况且，如若此时不回去，下次回去，便不知是何年何月了。南北交通已经有瘫痪的迹象，整个国家仿佛已岌岌可危，车站已经买不到票了，火车开来了，人人都是背着行李哄抢着往上挤，一番凄凉的景象。

受伤的孩子总是格外眷恋母亲的怀抱，正如倦鸟归林，游鱼知返，此时的丁玲，也格外希望能回到母亲身边。母亲，她已经离得太久太久，久得连母亲的模样，在她心中都已经有些模糊。尽管不知道回到家乡之后，自己又该做些什么，但是她确实是应该回去了，哪怕只是回去在母亲身边安静睡眠，跟母亲说一说自己在外面受到的委屈难过,在家乡的江边看看浮云和碧空,去田间纵横的小径里走一走,闻一闻久违的稻穗的香。

于是,她就这样又踏上了往南的列车。她的人生,似乎就这样交织于南北的铁路之间,来回,往返,有时是有朋友相伴,有时是独自一人。她身上有一往无前的勇气,她还能够无畏无惧,然而她却着实不知道这些还能支撑她多久,若她还有人相伴,想必会比现在要好上一些。可是如今,车窗上倒映出的,也只是她自己一个人,落寞的影。她像是一个可笑的孩子,做出了一个可笑的决定,到处流离漂泊,只有在累到极点,走投无路时才想到回家。她成了彻头彻尾的游子,却无法彻底流浪,她终究要回到最初的原点。然而,流浪的生活,难道真的是一无是处吗?对于她今后的人生,难道当真一无所用? 在那些旅程之中,她究竟收获了什么,我想,或许只有丁玲自己知道,而她也是觉得值得的。

转眼又是一个春深,时光如流水东去,她这个疲敝的旅人,终于回到母亲身边。母亲还在常德教书,这里的生活清苦却平静,丁玲时常安静地徜徉在学校郁郁的树木之间,她神态宁静,心里有难得的柔软宁和。或许是漂泊了太久,渺无目的太久,这样的生活倒令她十分愉悦。宛如一炷心香,就那样幽幽脉脉地燃着,抚慰了那颗极其疲惫的心灵。清晨时分,她伫立在小窗前,看着孩子们从教室里快活地奔跑出来,分散到操场上各个角落嬉闹。随着钟声悠悠荡起,那些孩子很快又消失得无影无踪,引得她不由莞尔。

整理好行囊,收拾好灵魂,准备好一颗坚韧的心,她终究不是能安于平凡的女子。因为有一个不凡的灵魂,一颗不平常的心,一腔家国天下的壮志,她注定了要如从前一样四海漂泊,寻觅理想的终点。如果她只是一个恋慕亲情、安于家室的女子,那她当初就不会义无反顾地离开家乡,就不会拒绝同表哥的婚姻,决然而去。在那个十字路口,她若没有往前走,那现在的丁玲,或许就只是个幸福而寻常的妇人,抱着孩子,同其他妇人家长里短。然而,这一切,都不过只是假设而已,既然她是丁玲,她就会在汲取力量之后,继续执着前行。

前　　路

你在青春年少的时光里,有没有期盼过一段宿命。

是上天给予的，可遇又不可求，你命中注定有就合该是你的，若是没有，求神拜佛也无法换来。那是种备受期待的夙缘，因爱生忧，因爱生怖，哪怕因为这段俗缘生出许多烦忧来，也不觉得可怕，因为已尝过其中的甜蜜欢喜，身侧原来有一个人会跟你风雨同舟，生死与共。于是这时候，纵使是死，也没那么可怕了。

凡是令人恐惧的事情，若有人并肩同行，便不会那样艰苦难熬。事后我们怀念那段时光，更多的，也只是怀念当时走在我们身旁的那个人。少年意气，一去不复返，这常令我想到崔颢在江边提笔纵横下的那两句诗：此地空余黄鹤楼，黄鹤一去不复返。烟波浩渺，天地之大，万事万物都是空茫，唯有那座高入云霄的楼阁，孤独伫立。

幸而当时的丁玲，在失去王剑虹这一好友之后，上苍似乎对她依旧有所眷恋，或许是希望对她予以弥补，又或许是要给她个昙花一现的美梦。总之，在那个命定之人出人意料地出现在她眼前时，就注定了她那时是幸福的。

这个人留在后来的史书上的名字，是胡也频。我们通常，都用这个名字纪念这位为革命献出生命的年轻人。而当时，他还叫胡崇轩。1925 年，他和丁玲，一双璧人结为眷属，之后，一对年轻的伉俪告别了母亲，为了理想，重新返回北平,开始新的生活。

两个相爱的人,相守在一起,不管做什么都是甜蜜的。他们组建的这个幸福的小家,最初坐落在香山乡下,房租一月九元,房子虽然小,亦困顿得家徒四壁,可丁玲却觉得心中溢满了幸福。这间房子周围,种着许多枣树。丰收的季节到来时,满树上都结满果实,收了果实再过几个月,就该开枣花了。枣花香气并不馥郁,但是整间房子,都能沐浴在那种淡淡的芬芳里,宛如红尘里一个好梦。

这个地方,春季有驼铃声声而来,夏日有蛙声蝉鸣入耳,小村里人家养的鸡鸭,又不时啼叫,还有那些活泼得过头的孩子们,时常高声叫嚷。俗世的热闹,尽管我们有时不会参与其中,但是隔窗眺望,依旧觉得温暖美好。

丁玲自小没有父亲,没有一个完整的家庭,如此,她便觉得十分圆满。她很知足,知足常乐,她并不是贪心的人,高处不胜寒,不如享受眼前静谧。因此,她此刻十分幸福。

只是,好景总是不长。他们原来是可以定居在城中的,来到这个安静的小村庄,不过是当丈夫的,希望能够找一个宁静的地方静心开始他的创作;而当妻子的呢,可以徜徉在风景如画的景致,提起画笔,也作出几幅画作来,好贴补家用。爱情,尽管甜如蜜糖,他们却是俗世中的人,人既然要活着,总不能不吃饭。

人一旦有了某种想法,就会下意识地去寻找某种契机。这或许是人的天性和本能,困顿中的人尤其敏感,或许她只是需要一盏茶,以消渴解暑,却能发现不远处迷掩于沙尘中的绿洲;或许她只是想得到一件寻常素衣,却得到一个服装设计师的青睐,一日里足可换几十套华裳。不愿归于平凡的灵魂,总会孜孜不倦地追寻心中的理想,爱情,也无法永远困住它。

可能有些时候,我们脑海里会突然冒出一些遥不可及的念头。这些念头,如同转瞬即逝的烟花,瞬间就被自己或他人的一盆凉水浇灭,然后不再被提起。然而有些人,却能够坚定执着,人生可走的路很多,他们并不纠结于同一种单调步伐,也不困于某种安逸生活。

新婚的丁玲亦是如此。在爱人的创作遇到瓶颈,而自己的画作也无法得以继续的情况下,她决然放下画笔,同丈夫说,自己要去上海当一名电影演员。这个想法,对于当时的小夫妻而言,有如异想天开,痴人说梦。她此前毫无表演的基础,甚至不曾参加过任何表演性质的节目,她只是个比别人多奔波一些的学生,要当演员,谈何容易?

即使这个想法,遭到了连同丈夫在内所有人的反对,甚至被当成一个笑话,但丁玲执着的性格却不容许自己放弃。她说服了胡也频,不久之后,她就乘上了南下上海的火车。是什么给了她如此大的勇气呢?或许是她身上存在着的湖南人那种烈性的血气,不骄不馁,低着头将自己的事情踏实完成,没人能折断他们身上的韧性,也没人能阻挡他们追寻梦想的勇气。

她骄傲地同丈夫说,也频,你留在家中安心写书,等你出完一本书,那时,我一定已成为一个大明星了。这个从不后退的女孩,总是这样生机勃勃,不畏奔波似乎是她的野性所致,敢闯是她一生的个性,她就这样身披自信,满心骄傲地三度前往上海这个都市。她想,她读过那么多优秀的文学作品,又会弹琴、会画画,还聪明,她没有理由当不成大明星。

其实女孩子们,心中都曾有过这样一个梦吧:灯光闪烁,如同光影交织的海洋,霓虹纷繁的舞台上,投落圆弧的雪亮光圈,你穿着最新款的华裳,款款走上属于你的舞台。台下顿时呼声响起,千起百伏,宛如来去的潮水。这个世界,只有你最璀璨,盛世浮华,只有你是最明亮的那颗星。这是属于你的梦,梦里,你是尘世里最出众的星。

百经辗转，千度周折，她终于在熟人的介绍之下，见到了她心中的偶像，当时著名的导演，后来也是中国文学史上有名的剧作家洪深。他是中国电影开山之人，在中国当时才刚起步的电影界，有着举足轻重的地位。她去参加他的面试，她一双乌黑的大眼睛里，都是活泼跳跃的明亮光彩。他一下子记住了这个有明亮眼睛的女孩子。

泰山级别的导演对这个女孩子频频发问，他心里有些小期待，这个女子，会不会像前头那些未经世事的女孩一样，被这种情形弄得错愕甚至哭泣呢。他目睹过许多女孩苍白而华丽的梦想。他不知道，眼前这位，会不会以同样的结局收场。

丁玲坚定地回答他，没错，我是穷，我需要一份工作，我也可以找别的工作，但是，这份工作可以发挥我的特长，那就是我的想象力。

这个回答，倒是与众不同。洪深颔首。这显然是一个表示满意的动作。果然，他答应丁玲，如果在上海的电影界，有需要他帮忙的地方，他一定帮忙。他将她介绍给了田汉，他同丁玲算是老乡，在戏剧电影界中已十分有地位，何况又是洪深介绍过来的，田汉自然极力地帮忙。

他拿来丁玲从未见过的华裳，要她换上。那是一件极其华丽的丝绸长袍,她所能想到的,是它在那些大明星身上熠熠生辉的模样,却从未想过自己能真的穿上这样一件衣服,在摄影机前。她想过自己面对镜头的千百种样子,到底还没想到自己竟然能够这么快梦想成真,她顿时便有些愕然了。

她现在只是觉得不真实,又不知该如何面对这场梦,她连动作都僵硬起来。

田汉是久经沙场的,面对这样一个丁玲,他用温和的声音给她讲解,一个演员所必备的条件。演员,在那个黑白的默片时代,不需要完美的声音和标准的话语,甚至对于容貌也要求不高,但是作为一个演员,光有恢宏的想象是不够的,它需要一种表演的天分,而这种天分是与生俱来,埋藏于灵魂中,苏醒于镜头前的,它还需要足够冷静的耐力和张力,以自由穿梭于镜头的梦幻和现世的真实中。影像中阐述的故事,虽然出于编剧之手,然而演员的表演,却需要呈现给台下观众最大程度的真实。

于是,丁玲更加愕然了。接着走进来的几个年轻男女,令她那颗震惊的心,又不适起来。他们都穿着华丽的衣裳,脸上画着五颜六色的妆容,脚下踩着妖娆柔软的步子,他们高谈阔论,谈论咖啡、探戈,以及上海最繁华的舞厅,对于这些,她感到极度的厌恶。她经历过人世的困苦,这样的靡靡奢音,同她实在是反差太大……这里的人,不论男女,都是那样——遥远且喧嚣地活着。她似乎看穿了什么,那些人生活的世界,同她生活的那个世界,似乎全然不同。他们活于镜头前,而她自己,似乎是这个世界的一个小丑,一个不速之客,她同这里竟然是如此格格不入。

她沉静下来,却不由自主地觉得异常痛苦。她捂住眼睛,跑了出来,她无助地想,自己这个梦,似乎又要破灭了。她无法适应演员的生活,也无法成为自己之前高傲宣称要成为的大明星。她的这个明星梦,只能存在于自己的梦中,像是水上浮起的气泡,在镁光灯的强烈照射下,瞬间就破灭了。

但她始终拥有各种各样,迥然不同的梦。有些人天生拥有一双弹琴的手,指尖能挥舞出异常动人的乐章;有些人天生能活跃在众人视线里,他们乐于享受来自天地间的目光,喜欢成为引人注目的焦点;有些人则天生奔波在追梦之旅中,永不疲倦,永不停歇,如同追日的夸父、奔月的嫦娥。梦在,情在,心也在。

丁玲追着她的梦,从南到北,从纯真的少女成了成熟的女子,却未曾停止她的脚步。她从不相信,她的梦都会是镜花水月,她唯独相信,终有一日,她的梦会从天而降,高入云霄,为她建造一座金碧辉煌的殿堂。为了那一日,她亦永不停歇。

夙　缘

我们要相信,上苍总归是仁慈的。我们虽然一路风雪不断,但我们执着的追求,终究能为我们指出一条明路。执着与放弃,不过是一念之间,有时却能一念天堂,一念地狱。

当丁玲跌跌撞撞,到处碰壁之后,她终于恍然有所悟。执着者,上苍必定不教她失望。她自遥远的湘水,满心渴切而来,辗转于风雨飘摇的人世,宛如一株居无定所的水生植物。幸而当时的人们,对于这追求梦想的女孩子,总是热心又及时地帮忙指路。从上海前往北平,又从北平南下上海,她最终又回到身在北平的丈夫身边,她穿行于南北,暂时安宁,又旋即漂泊。

在上海破灭的那个明星梦,犹如一幢瞬间灰飞烟灭的宫殿。这个梦，只剩下断壁残垣的废墟，令她梦醒时分，黯然回首低叹，或许这里有几分自怨自怜的哀怨。旧时绮梦，终究蒙尘，若是寻常的女子，不过是在安乐沉静时，略怨一怨便罢了，然而丁玲终究不是寻常女子，沉梦过后，她还能寻觅前尘归路。

1927年，丁玲提笔创作出了她的第一部小说作品《梦珂》。这部作品的灵感源于她此次失败的明星梦，作品一经刊登于《小说月报》上，就引起了不小的轰动。那一年，丁玲不过23岁。我们现在23岁的女孩子，在干些什么呢？绝大多数，不过大学刚刚毕业，迷惘于前路该何去何从，或被大千世界迷花了双眼，有的甚至迷失了灵魂。

此时的丁玲，像是终于发现了一扇小门，她在人世间寻寻觅觅，不过是在寻找打开这扇门的钥匙。她终于将这扇门打开，进入，就发现了真正属于她的桃花源。她将这次失败的经历，梦的破碎，写进了自己的处女作当中。浮世匆匆，流光掠影，她的笔下，诞生了一个聪明、美丽、却幽怨、痛苦的女子。当时社会中，无数人在自己身上看到了梦珂的影子，作者和读者，在同一个人物身上找到了共鸣，这个人物备受喜爱，也不是没有道理的。

《梦珂》的成功，同丁玲的切切寻觅、苦苦经受是分不开的,然而同某些人的慧眼识英雄也是分不开的。世界上有多少明珠,受尽风霜,最终蒙入重重的尘埃中,如若没有缘分,终其一生,也只能在尘埃之中蹉跎年华,虚度岁月,直至白发红颜。每颗明珠,都需要慧眼的伯乐。

当时《小说月报》的主编,由于郑振铎的出国游学,而换成了叶圣陶。这位主编,早过了而立之年,却是童心未泯,一生都保持着他的童真,有着孩童般的温柔天真,以致到了老年依旧给孩子们写出了许多美妙神奇的童话。他接手《小说月报》之后,以一种严谨而不失宽和的风格,审阅来稿。他第一眼看到丁玲的《梦珂》时,就决定将这篇充满现实和梦幻的稿子付予见报。说他是丁玲的伯乐,当真是名副其实。

叶圣陶对于后辈的提携,是不遗余力的。是他发现了写《雨巷》的戴望舒,又是他鼓励巴金从事创作,不少有名的作家和诗人,他们能走上这条道路乃至成名,同叶圣陶先生的努力是分不开的。丁玲有幸,能够被他赏鉴识别,后来的丁玲,也证明他确实拥有一双慧眼,丁玲也确实未曾令他失望。她用自己的能量,绚烂地绽放。

二十世纪二三十年代的中国,《小说月报》发行量巨大,在青年读者中甚有影响力,能够在这样一份刊物上发表作品，不啻于走上了一条成名的捷径。然而，成名归成名，流水一样的作者，铁打的刊物，如果丁玲未能在之后创作出更有影响力的作品，那么她也终将只是昙花一现，很快就会被遗忘在历史的尘埃里。

《梦珂》发表后，丁玲就算是正式走上了文学的道路。她找到了灵魂的皈依，写作，将是她生命中一件重要的事。她继续提笔创作，奋笔疾书，两个月后便完成了《莎菲女士的日记》，一部作品，却震撼世人，这部作品更能代表她前期的风格，曾被叶圣陶刊登在《小说月报》卷首的位置。后来丁玲的另一些作品，也被他高度重视，以头版的位置刊登发表。即使是丁玲的首部短篇小说集《在黑暗中》，也是叶先生亲自去交涉谈判，才得以顺利出版。丁玲对于叶圣陶先生的提携，始终是心存感激。

漫长的半个世纪后，两人再次相遇，一同回首，犹自唏嘘。风华正茂的书生，穿越了五十年的风霜后，已经是自发苍苍的老者，而当年明眸皓齿的女子，在五十年的起起伏伏之后，也已经是垂垂老去的妇人。同样是文坛巨子，地位悍然不可动摇，彼此心中却依旧怀着赤诚之情。丁玲感慨万分，亲口对叶老说，若是当年没有他的大力相助，她当初可能就不会走上这条路。叶老也诸多感慨，他甚至提笔写下了一首《六幺令》,其中慨叹道:那日文字因缘,决定今生辙。

确实如此,世间万事,瞬息变化,没人可以铿锵在神像前留下誓言:自己可以一如既往地走自己原先行走的那条路,任何事,任何人,都不会有所改变。然而有时,有些想法,一刹而过,如水面上掠过的飞鸟,惊起瞬间的涟漪,瞬息后又归于平静,而有些却可以天长地久,甚至将改变人生,重新造一番天地的模样。为何同是一闪而过的念头,会有这样截然不同的结果?丁玲毅然提笔,用文字开辟出一番新天地,是否是冥冥之中,自有天命注定?

据说今生的擦肩而过,是前世五百次的回眸。丁玲同文字的凤缘,又是前世几千几万次的回眸?我又重新想起,当年提着灯在晨风夜露里穿过幽幽庭院的女孩。如果因果早已注定,那么,便是在那时么?寄人篱下,无所依托的孩子,在文字的海洋中寻觅自己的依归。那幢零落苍老的小楼,承载了她最初的梦,也给予了之后的她,追梦的道路。

我总以为,文字是世界上最可爱的东西,人类的聪慧与备受造物主的宠爱,从这里便可见一斑。而中国的古人,比起西方世界的古人来,又实在是可爱聪明得太多。

他们无法保住自己的楔形文字，令它们流失于岁月的尘土中，埋没于千秋万世，最终它们除了安然躺在玻璃窗之后，受今人的顶礼膜拜，毫无作为。若文字有灵性，它们一定十分羡慕汉字，汉字千载传承下来，世代累积之后，依旧散发迷人风采。

文字的美，除却本身的容颜，更在于它承载历史的功能。影像太过直接，它总是不能留给人们太多发挥想象力的空间；音乐太迷离零散，它总是千人千面。只有文字，才能将历史分毫毕现地勾勒描绘，才能将人物玄妙又细微的内心淋漓展现。动乱不安的心，无法体会文字的美妙，正如富贵浮云中的人们，难以领悟禅意的真谛。

我们的作家们，都是温柔地珍惜着文字，用它们创造出一个个美好而动人心魄的灵魂。他们驾驭它，同时又珍重它，如同飞鸟爱惜自己的羽翼。丁玲亦是如是。既然同文字，是前生定下的缘分，今生还的愿，于是一旦爱上，就不会轻易离弃。

她奋笔不息，真真切切地感受到文学世界的美妙，她也终于明白，当自己驾驭一个世界、创造一个世界时，那种感觉是多么美好。正如梦想成真的狂喜，这种创作，带给她的亦是巨大的欢喜。仿佛，自此后，她的人生不再漂泊流离，不再居无定所，她为梦想找到了承载的容器、停泊的港湾，甚至是皈依的神殿。况且，她的作品又是那么受人欢迎，她能够用这种方式，找到更多心灵相通的朋友，彼此相互交流安慰，展望未来，这又是一件多么令人激动欢喜的事情！

《莎菲女士的日记》发表之后，丁玲的小说确实在社会上引起了巨大的反响。那时的中国青年，是热血沸腾而对前路迷惘的一代，有时，他们深切感到，自己虽然满怀热情，却找不到正确的道路去实现自己的理想，于是，他们未免惆怅。他们的心，正如这部作品中的莎菲，苦闷，彷徨，不流于俗世，寻不到出路，只能无所事事地将热情浪费在无聊的地方。

人生得意须尽欢。对于当时的人们，这却需要太多太大的代价。霍去病，汉时意气风发的年轻将军，曾说，匈奴未灭，何以为家。民国的乱世，天下未平，何来尽欢。然而，自古以来，从来不乏报国无门的有志之人，他们只是缺乏报国之门。他们徘徊在最好的青葱岁月，却始终不能得其门而入。他们也会担心走岔路，进错门，害怕无可挽回，于是踌躇而无计可施。不够果断决然的人生，总是这样犹豫柔软，匆匆岁月，就这样蹉跎了过去。可悲，而又可叹。雾里看花,水中望月,他们都是一样的。读者同作者心灵相通的那一刻,是通过作者笔下人物的灵魂,开始他们的交流的。这种交流,是无声的,悄然如月华,是静默如河流的。在无从可见的半空中,他们开始了心灵契合、风尘仆仆的旅程。

即使她的莎菲,也曾经被批评得体无完肤。一千个读者就有一千个哈姆雷特,每个人对于作品的见解总是不尽相同,有些人从莎菲身上,只看到她的消极,而看不到她身后的虚无与悲凉,因此就单纯认为,莎菲不过是个消磨时光的女子,不能给众多青年带来崭新的人生启示。然而有些人是能够看到莎菲背后的真相的。这两方各持己见,争论不休,甚至在社会上开展了辩论。有的批判莎菲,有的,则维护丁玲。

争论中的丁玲,名字被更加迅速地传播开来。于是,丁玲一炮而红了。其实,如果她足够强悍,敢于戴上华丽面具,那么她应该是早就成名了,不是通过这种方式,而是在浮华的荧幕上,演绎截然不同的人生,成为风靡一时的大明星。人生的道路,就是在一念之间全然相异的。幸好,丁玲用另外一种方式,演绎了唯独只属于她的人生,同样,得天独厚的她,依旧获得了非凡的成功。

第三章　一寸相思一寸灰

青　梅

妾发初覆额，折花门前剧。
郎骑竹马来，绕床弄青梅。
同居长干里，两小无嫌猜，
十四为君妇，羞颜未尝开。
低头向暗壁，千唤不一回。

李白的这首《长干行》，留下了一句流传极广的诗句——郎骑竹马来，绕床弄青梅。于是，青梅竹马，就此百世而传，用以形容一对自小一同长大的孩子，后面时常还带上两小无猜。念起来，当真如同青梅入齿，瞬间溢出的青鲜汁液,酸涩,又微微带些甜蜜,唇齿留香。谁是谁的青梅,谁又是谁的竹马? 遥远而透明的童真岁月里,总有那么一个或几个孩子,不经意间出现在脑海里。

你是否还记得,幼时与你一同嬉戏,一同用泥巴将衣服弄脏,又一同回家挨骂的那个孩子。青藤葱葱,老树郁绿,那些岁月,留不住,挽不回,唯有记忆鲜明,呼之欲出。那个孩子的长睫毛,小酒窝,爱笑的脸颊,你们上树下河、东家蹿西家跑,有喜好搞恶作剧的名头,周围的大人对你们最头疼。

很多时候,我们最初的爱就是源于那时。人心易变,世事常改,最纯净美好的感情,恰恰发端于我们懵懂无知之时——那是我们,最明澈的最初。

所谓青梅竹马,大抵都是如此活泼而温暖。往往在人生最初的清澈岁月里,就点燃了一把小小的火光,即使微弱,也温暖了此后一生。保护着小女生的小男孩,给小男孩擦汗的小女生,相互帮忙热心互助的姿态,就是这样安静而深刻地开始形成。这些一旦从回忆里被挖掘出来,总是能引起会心一笑——原来啊,在那么早那么早的从前,就有那么一个人,对自己那样好,好到自己多年后,还能念念不忘。

我们怀念岁月，同样也怀念红尘岁月里的那些人和事，它们给我们带来的，是最初的感动，也是最初的暖。人生无法重温旧梦，重新走一遭，将回忆细细品味，也大约很好。我不知道像丁玲那样的传奇女子，会有怎么样的青梅竹马，她的童年已经不幸，正是这样的不幸，我想，就更需要一位青梅竹马来，予她最为纯澈的温暖，令她展颜一笑。

在蒋家大宅的那些年，她俨然是众人手心的明珠，高高在上的小公主。养在深宅的小闺秀，应该是备受外面那些孩子的喜爱的吧。那些孩子，整日跑在山野里，青山绿水将他们的性子磨得那样野，他们血液里天生的野性蛮横很容易就将他们养成一个个皮孩子。他们无意中发觉那个粉雕玉琢的小女孩时，或许就会打心眼里喜欢上吧。

每个孩子，都向往漂亮美好的事物。我想起一个野小子在小公主前微微自卑，又千方百计，使劲展露自己的十八般武艺，只想讨她欢心时的画面，未免会觉得好笑，以及温馨。幼年的丁玲，或许就是这样的，在其他孩子眼里，有如众星捧的月，到处都有人向她献好。她是蒋家的小姐，家教良好，品性温厚，从后来她的人生中可见，她应该并没有恃才傲物，或是骄纵任性，她很快就和这些孩子打成一片，玩得兴高采烈。

当时的丁玲，还没有遭受人生的任何苦难，慈母的关怀无微不至，小玩伴们待她真诚友好。那时的花开花谢都是好的，那时的山水风云都是柔和的。那也是她人生岁月中的一段最温柔的时光。然而，好景不长在，好花不常开，当她随着母亲，来到余家，开始了寄人篱下的生活时，她就再也找不到那些纯真美好的感情了。山水异色，人情淡薄，美景只映在逝水流年里，眼前再也找不到了，只在记忆里，徒留伤感。

在余家，同龄的孩子很多。她的三舅虽刻板了些，到底不是坏人，他不仅收留了丁玲母子三人，还收留了家族中许多遇难的亲戚。七大姑八大姨，表兄表姐，整个余家，倒也能热闹起来。刚来到余家的丁玲，不过四岁，她年纪小，又失去了父亲，来到这个全然陌生的家，正是最需要关怀和爱护的时候。然而，她却过早地尝到了人情冷暖，体味了生命辛酸。

那时，幼弟未足一岁，尚在襁褓之中，母亲愁苦之外的时间，多数用在了照顾更为年幼的儿子身上，对于女儿，她能照料好她的衣食起居，已经颇费力气，何谈去关心女儿的感情？来到余家后，母子三人身上的盘缠已经所剩无多，他们只能节衣缩食，毕竟身边还得留些钱，兄弟虽好，各自成家后，感情到底淡漠不少。于是，丁玲时常是穿着陈旧瘦小的衣服，在这个家里，跑来跑去。她寻不回从前的快乐光景，她的眼神中，始终笼罩着朦胧的悲伤。

到底还是孩子，幼年的丁玲，并不是一开始就孤僻冷傲的。她也渴望与同年纪的孩子们一同玩耍，对于那些表兄表姐们，想来她开始见到时，也不是十分抗拒的。她渴望爱与友情，所以她战战兢兢地试探着对伙伴们示好，然而，年幼的她，并没受到接纳，甚至是微微的善意。原本是甜美的期望，却冷冷地落空。

小孩子们在封建家长们的身上沿袭了一些天生的优越感，对于弱者，他们只有强者的虚荣感，却没有半分平等善良。看到这样一位身着旧衣，身材瘦小的柔弱表妹，他们在嗤之以鼻的同时，就拒绝了同丁玲玩耍。尤其是在丁玲的表姐或表妹们同丁玲一起出现时，在鲜明的对比之下，他们自然是选择更漂亮、更精致的孩子。于是丁玲，就这样被拒之门外了。他们在一起玩耍嬉笑，她只能远远地看着。她是成了欢乐的旁观者，快乐却与她无关。

若只是无人陪伴的孤单，也算是好事了，可偏偏，有时心性恶劣的孩子,还喜欢恶意伤害她,出言侮秽,动辄出手打骂。一朵幼小的花,饱经摧残。那恶言冷语,如同冬日里的寒风,刺得幼小的丁玲,浑身颤怵。

就在同时,丁玲的母亲也开始警告女儿,不要跟她的表兄们太多接近。其实母亲只是出于维护大局的考虑,她不想沾染更多的是非,为了免受伤害,最好女儿也能深居简出,少见人。有时,女儿忍无可忍,同表兄弟们争吵起来,惊动了大人们,母亲也只能选择呵斥自己的女儿,而不是为孩子讨个公道。

母亲虽然是无可奈何的,但这种情形,自然是大大伤害了一颗年幼纯真的心。面对重重伤害,丁玲逐渐有了自我保护的方式,她开始讨厌与那些孩子相处,对此她甚至是无比憎恶的。丁玲就毅然躲开他们。年幼的心,远离人群,远离尘埃。

渐渐地,她的性子也变得孤僻冷漠。她最需要温暖的时候,却被这个浑浊的人世,狠狠地拒绝和伤害了。她蜷缩成小小一团,坚持固执地抱住自己,不给别人再一次伤害自己的机会,当时的她,也着实想不到任何有力的方法予以回击。她明白,向母亲哭诉,母亲是无能为力的,只能徒添母亲的苦恼,对她自己毫无帮助;而那些力气强大的表兄弟们,她又怎么能对抗过他们呢。于是,当渺小卑微的愿望被碾碎成尘,她只能孤独地承受,沉默地坚持。等待长大,等待羽翼丰满,她要带着母亲离开这个地方。

如果没有后来那桩事,丁玲还不至于更加痛苦。当她被母亲无奈地许给了年长她两岁的表兄后,情形就逐步恶化了。她已经读过许多书了,她不奢求自己是大观园中的十二金钗,能得到富贵闲人的悉心爱护,她只求那位表兄,不要出现在自己面前。然而,无奈的是,她越是讨厌他,他对于折磨侮辱她,就更加兴致勃勃。

才子佳人的戏本里,总有那么多的表兄妹或表姐弟。表亲之间,亲上加亲,早就不是件奇事。古人如此,或是出于让血缘更纯粹的目的,或是希望亲眷之间,往来可以更加密切。戏本小说中的这种姻缘,始终被以一种甜蜜恩爱的笔触来描述,夫妻荣辱与共,相濡以沫。《珍珠塔》里的方卿与陈翠娥,分明也是表姐弟,最后也是喜结良缘。贾宝玉于林黛玉,虽然只是一段报恩的缘,早早用尽了泪,用光了缘,可缘起缘灭之间,两人心灵相通,你情我愿温暖甜蜜。这样拥有过,但凡想得开的,到头也不至于太过伤心。

然而,丁玲就没有这样的福分了。即使她的表兄,同她住得还比戏本中的那些还更近一些，这个有利条件却只是给这位表兄带来了更大的便利——找那病秧子表妹来戏耍戏耍，也是很方便的。自从婚约定下之后，他更加频繁地来戏弄丁玲。或许这位表兄，也并没我们想象的那样恶劣，他也只是个孩子，心性为定，他可能只是出于孩童好玩的心理，或是出于半大的孩子，对自己的亲事充满好奇的缘故，对于丁玲，他要更关注一些，想用一些奇特的方法引起这位小未婚妻的注意。

或许他不是讨厌这位表妹，他只是想同她玩耍而已，只是他一直不得其法，反而背道而驰。那时的丁玲，本来对于这样的玩闹便已经厌恶万分，而他又始终纠缠不休，这未免使丁玲更加恼怒，她年幼的心中更是定下了要解除这婚约的念头。其实，生命曾赋予他们青梅竹马、安然相处的机会，却抵不过人心的阴差阳错，他们最终渐行渐远，直至末路。明日的黄花，已经成了旧梦中的依稀装点，徒留无奈与长叹。

如果生命重来，或许他们能够改变命运。她和他，能在最初相遇的那一刻，就彼此接纳，相互交换纯真秘密，当真两小无猜，青梅竹马。或许几年后，待得她渐渐长成美丽温柔的少女，他便可以依照婚书，将她娶进家门，从此琴瑟和谐,举案齐眉。这样的姻缘,曾经有机会发生,有可能成真,只奈何命运弄人。丁玲离开家乡到处漂泊时,那位曾同她有过婚约的表兄,也开始了属于自己的人生。

她几经转辗,返回故乡小憩时,或许曾在某个角落,看见他抱着自己的孩子,笑容温和,他身边是他的妻子,同样温柔静好。他们都已经各自前往各自的人生,岁月将她锤炼成了坚定刚强的女子,也将他眉间的戾气化作绕指柔,只是他们曾一起度过的童年,已经是那么遥远了。

相　　遇

我小时候背诗,念到"金风玉露一相逢,便胜却,人间无数"这一句时,心魄都为之一颤。旖旎,着实旖旎。秦少游的《鹊桥仙》,这阕词本就有个缠绵哀艳的词牌,又是通篇的眷眷柔情。却唯独这一句,读得人心魂俱消,缱绻又哀伤,教人不忍再看。牛郎织女,匆匆相逢,又匆匆分离,人世间最痛苦的不过求而不得,得而复失。

春心莫共花争发,一寸相思一寸灰。爱情,究竟有什么玄妙之处,令人为之生,为之死。情不知所起,却生生世世,难以忘怀。世间的爱情,不过两种,一见钟情和日久生情,前者如此梦幻与激烈,后者亦是细水长流,脉脉留情。少女时期,我时常幻想,我爱的那个人,会骑着白马来接我,后来我才知道,骑着白马的也许不是王子,而是唐僧。幻梦终归同现实的人生相距甚远,没人能完全按照自己设计规划的轨迹,不差分毫地走,也没人知道,自己命中注定的那个人,那场相逢,会是以怎样的模样,轻轻地,悄然开始。

我们的女主角,同她生命中的第一个男主角,是在共同的朋友的介绍下,相互认识的。当时丁玲还身在北平,她在那家私人画室中学习绘画,描绘的山山水水,都不过是墨色的交融,没有半分生气。每日都是一个没有任何新意的重复和轮回,生活平淡而枯燥,使她厌烦又不得不忍耐下去。最初开始学习时,丁玲还是同一位叫作左恭的朋友一起去的,后来这位细高个儿的朋友,带了另外一位朋友来,那就是胡也频,她后来的丈夫。缘分之初,总是不经意的相遇,一旦相爱,又会觉得,所有的巧合都似是命运冥冥中蓄谋已久的安排。

那时的丁玲,还未有男女之念,虽然她已亲眼见证过瞿秋白和王剑虹爱情的诞生,但是她的世界里,依旧只有

94

纯真的友谊,她也确实是将胡也频当成一位萍水相逢的朋友对待,并无绮念。然而,她是单纯天真的,却不代表胡也频同样仅仅将她当成一位单纯的朋友而已。爱情的发生,全然毫无道理,你爱他或是他爱你,有时就在不经意之间,爱情之花,炫美地绽放。或许,就是那么一瞬间寻常无奇的相遇,他就已经将她当成了自己的女神。此后,他们又见了那么几面,但是未解人事的丁玲,始终没有发觉胡也频对她隐藏的心意。

因而,丁玲回到故乡时,他千万里追寻她的踪迹,他风尘仆仆地出现她和她的母亲面前时,宛如从天而降。这样的相见,未免太令人震撼,虽然没有千万朵玫瑰的浪漫,也没有钻石戒指的星光璀璨,但这一片赤忱之心,令她的灵魂都微微颤动起来。

该是怎样的心情,才能让他经过千万里奔波而来,只是为了见自己一面呢?在情感上,略有些迟钝的丁玲,终于开窍了,心中盈满了感动。一朵幸福的花,在她心中盛放,使她有说不出的幸福和喜悦。

纵然山水波折,也难挡他追逐的脚步。他为爱奔走,已经是无所顾。他来得匆忙,足可见得心情急迫,他只带了一套换洗衣裳,就是他前来的车马费,也是丁玲她们代为支付的。这个年轻人，似乎是什么都顾不上，他似乎来不及做任何准备，甚至见面之后，该说什么话，该做什么事，他都没有想清楚，他心中只有一个强烈的愿望，就是要见到丁玲。

他局促而略微羞涩地站立在她面前，手心发热，嘴唇颤抖，却始终说不出一句完整的话。眼眸中却溢满了激动和深情。在北平时，他知道她已经离开这座城市时，他心中忽地慌乱了，他这样匆忙、这样毫无准备地来，只想见她，表明心意，自从见到她，便已经珍藏于他心底很久。他一直在寻觅一个合适的机缘，一个恰当的时机，温柔地轻唤她的名字，向她袒露浓浓爱意，他不想惊动她，他要像守护一朵花蕾般呵护她，看着她美美地绽放，在幸福中流淌芬芳。

表白，对于胡也频来说，并非易事。虽然他比她年龄稍长，但是对于情爱，他也是初出茅庐的年轻人。他并非万花丛中过、片叶不沾身的情场老手，可以任意蹂躏糟蹋一些纯真可爱的心，他想，如若他可以得到她的那颗心，他必然珍之重之，永不负之。

他来自沿海的一座美丽的城，那个地方气候温润，空气里夹杂着海的韵味，他与生俱来地就有着海一样的温和与宽广。他曾当过学徒,又去天津学过机器制造,曾在青岛、烟台等地到处流浪,亦是机缘巧合才到的北平,有了与丁玲的相遇,才有了人生最初的怦然心动。

他家祖上比起丁玲来,似乎并不那么值得称道。他的祖父,是当地小有名气的角儿,在戏台上咿咿呀呀地吟唱了大半辈子,全然是看老天赏饭吃的活,若是天气晴好,自然看戏的人也多,看戏的人多,赏钱自然也多;若赶上阴天下雨,街上哪里还会有人来看戏,只能清冷地走场便作罢。幼时的胡也频,即使生活得以温饱,也没有如丁玲小时候那样富贵。

家道未曾十足困顿时,家人也曾将胡也频送去读书。家人希望他能够借着读书的契机,跳出祖辈的命运。然而,后来生活实在难过,他只能告别学堂。男孩子不比女孩,女孩还没有外出打工养家的道理,男孩却得过早地支撑起一个家庭,不求养家糊口,但求自食其力。年仅十五岁的胡也频,就去金店当了学徒。学徒的日子极其艰苦,学徒也就是伙计,白天晚上都有干不完的活,周身疲惫,却到了深夜,才能和衣在板凳上凑合一夜。疲劳的身体,已经顾不上冷冷寒夜,只想歇息片刻便知足了,时常是几个通宵地连着干活。身体上的负担不是最沉重的,往往是灵魂上的重负,折磨入骨。

学徒往往会签下生死状,"三年之内,生死不问"。不管是客人还是老板,都有资格吆喝欺侮他,没人会在意一个小学徒的感受,他就这样,在痛苦和煎熬中翻滚了几年,苦难给人带来伤痛,也锻炼出了他一副刚强坚硬的灵魂。

走过风雨萧条的波折路后,他的人生也渐渐明朗,家人通过关系,送他到了天津海军学校学习机器制造。这本是一条不错的出路,毕竟这个学校不仅免交学费,而且食宿也不成问题,日后的工作也不必发愁。然而,原本打得好好的算盘,却轰然落空。这座学校,在胡也频就读两年之后,便像当时许多学校一样倒闭了。他不得不离开了天津这座城市,重新作打算。他想到去北平考上一个免费的大学,这样就可以稍微缓解一下燃眉之急,然而他这个想法,也流于失败了。希望之火,灭了又燃起,燃了又忽地幻灭,他的人生,在明明灭灭中徐行。

那个年代,似乎人们都要经受不少苦难折磨,才能够迎来晴川朝阳。其实不论是哪个年代,历经风雨,方能成长,都是同一个道理,谁都不能免俗。苦难是磨炼人最好的武器,胡也频在经历诸多苦难后成长为坚强独立的男人，只有这样的男人，才能给妻子儿女撑起一片天来。所有磨难，终究会化作力量，蛰伏在血液之中，在必要的时候，化作锋利的剑，刺破苍穹，开辟出一片新天地来。

海军学校还没有倒闭时，胡也频的生活虽然清苦，倒也不能算十分困顿。他个性温和，成绩又好，自然有许多朋友。有一位富家出生的朋友，时常懒得动笔做作业，于是他的功课都是胡也频为他完成的，有时候，这位大少爷也会请胡也频吃顿饭，或者为胡也频置办一些衣裳。人情往来，不过如此。胡也频已经学得淡泊宁静了，不管别人怎么看待他，他也能自得其乐，安然生活。其实这样的态度最是难得，自己行走在自己的路上，管他别人如何作为。即使他被邀请去一位同学家，却得到了下宾的待遇，他也不以为意，只是自己看着自己的书。

不闹不怒，平静宁和，这在某个方面而言，更是一种自信，深入骨髓的自信。不怕众人非议，无惧他人谣言，所有的伤害和侮辱，都会在这样的自信前不攻而破，没人能够将这样的灵魂伤害分毫。他深知世态炎凉，却不躲不闪，任风吹雨打，巍然屹立。

他对书的热爱，倒是自小就养成的。有一种爱好，当真与生俱来。胡也频似乎也是如此，他比同学们更喜欢书籍,时常在街头的书摊前,一坐就是一整天。别人在到处玩乐时,他依旧捧着一本极厚的书,埋头苦读,他人笑他书呆子,他不以为意,依旧看自己的书。日积月累,他的学识和文学修养,远远超过了当时的同龄人。

或许,这样的人,才是适合丁玲的人。温和,淡然,又执着坚定。日后,他们的相爱也就在情理之中了。任何爱情,都存在互补的成分,像丁玲和胡也频,在他们短暂的婚姻中,相互扶持,安静相守,像是黑暗尘世里开出的一朵花,淡淡的,却有着动人的香。丁玲大约也只是想,若能白头偕老,相守一生下去,如此便是最好不过。

鸳 盟

相爱,是容许一个人,能够走进自己心底,允许这个人,在自己心底生根发芽,直至长出参天的茂密。不是世界上的每个人,都有如此缘分,能够彼此相遇,彼此相依。天意弄人,爱错人,在所难免,沉溺于错误情缘,伤人伤己,分明在佛前许下心愿,只愿脱离这片苦海,无奈情不由己,心不由人。红尘千百丈,纷纷扰扰,唯独所求,不过一真心人。

古往今来，多少人所求的，不外乎如是。人生，长路漫漫，如若无人同行，剩下的时光里，如何赖以消度。血脉相连的父母和儿女，只能参与陪伴自己半生，唯有自己身侧的那个人，才是最坚定的同行者。大千世界里，能够遇见这样一个值得等待、值得分享、值得共度余生的人，是多么幸运的事情呵！

茫茫人世，唯独有他，进了你的眼底，进入了你的心底，犹如前生就注定好的一场鸳盟；犹如三生前就在三生石碑前发誓，你我来生，还要相遇，相识，相守。于是，你们就按照命定的旨意，如同必然相遇的两颗星辰，逐渐靠近，直至相逢。风之语，是你们相遇时刻下的誓言；河之畔，滔滔波声记载了你们的浓情蜜意。相爱的记忆，永不会消散褪色，爱过的人，永远会记住那一场刻骨铭心——不论此缘会否成为前尘。

相遇之前，你不知道未来会有一个怎样的人在等你，月老的红线，可以将天涯两端的人紧密相连，他们必然会逐渐接近。然而在此前，各自的人生，都由得自己蘸了墨，慢慢地写，静静地走，不知年月地等待那场命中注定的相逢。

胡也频遇上丁玲之前,丁玲还在为自己的梦想到处奔波,碰壁而始终不馁。而胡也频,同样为了理想,为了生活,孜孜不倦地竭力奔走。任谁都不知晓,在不久后的将来,他们会成为这个世界上,关系最密切的人。缘分是命运的惊喜。命运,又是如此奇妙。

1924 年,丁玲初到北平时,胡也频和他的朋友项拙一起居于西单堂子胡同内西牛角胡同四号的一个房间里。在这个狭小阴暗的房间里,简陋的小屋里,却有着非凡的意义,《京报》的副刊《民众文艺周刊》诞生了。这里,同时兼着编辑部和两人的住处两项功能。他们夜以继日,笔耕不辍,对于每篇来稿仔细审阅,如同对待自己的亲生骨血一般,小心翼翼,珍之重之。当时的报社,并没有直接付与他们稿酬,而是在每次送完报纸后,给他们两百份作为薪酬。他们的薪水能否实现,就看他们能否自己将这报纸卖出去。那样的日子,就像是咖啡,苦里,泛着浓香和甘甜。奋斗的青春,纵然是迎着风雨,也是无比昂扬。

这其实是变相的不平等,然而困顿中的两人,除了竭力将报纸编辑得更出众,更受人欢迎之外,当真无计可施。能够从事自己喜欢的工作,已是十分有运气了,当时的胡也频,为了理想,确实是可以忍受一些源于生活上的折磨的。看到自己的文章能够印成铅字，读者也不在少数，甚至有偏远地区的读者专门写了信来，要求订阅，两人既充满了成就感，又决意要坚持下去。他们的热情，打败了生活。

人生碌碌一世，到底是生活重要，还是精神重要？当一个人身处困顿时，未免会想，如果能给自己取之不尽、用之不竭的荣华富贵，那么自己情愿拿任何东西去交换，困窘到极限，未免会孤注一掷；然而那些沉溺于荣华富贵中的人，只觉年华虚度，每一分每一秒，都恐惧空虚。精神上的富足有时并不能带来相应的生活，而生活上的奢靡有时会将灵魂一分分地，消磨殆尽。鱼和熊掌，不可兼得，这个道理，两三岁的孩子都能朗朗出口，可唯独是，很多人走过大半辈子的人生，依然做着兼得的美梦。

胡也频的另一朋友左恭，当时正与曹孟君沐于爱情长河之中。一个是白净书生，一个是漂亮女子，两人走在一起，任谁看了都说是金童玉女，天造地设般的一对儿。然而年轻人总有种意外的羞涩心理，愿意黑夜里花前月下，却难得光明正大地走在一起，只唯恐惹来闲话，给对方造成重重尴尬。于是两人各自拉上了各自的朋友——左恭带上了胡也频，曹孟君则拉上了丁玲和谭锡吾。如此他们便都成了朋友,见了面,亦不会觉出什么来。

　　他们彼此之间,都是年轻人,年轻人说起话来,自然是无边无际毫无顾忌,几个人漫漫而谈,倒也十分融洽和气。此时的胡也频,依旧还叫胡崇轩,他浓眉大眼的,由于长期不止地闯荡而眉目疏朗,带着一种异于常人的朗阔之气,一眼看上去,便与众不同,极易出众。而这三个女孩子里,曹孟君是心有所属的,谭女士则是比他们都要年长成熟的,这两人都是不太教人注意的,唯有丁玲,他一眼就看见了她。

　　长眉长眼,神态温和端丽,难得的是眉目里依稀有一份孩子的纯真天然,犹如清泉,细细流淌,便流到了谁的心间。一见钟情,其实在此之前,他也从不相信。他更倾向于时光推移而产生的浓厚深情,他总以为,一见钟情生出的情谊,毫无根据,太突兀,也太容易烟消云散。凡事,未曾身临其境的人,总欠缺发言的资格。胡也频此时,只觉得自己当初的推断,可笑而不可信。

　　自此,他亦是信了世界上的爱情,确实有一种便是叫作一见钟情。他的目光,只落在丁玲的身上,她的一举一动,一颦一笑,尽数落在他眼底。情人眼里出西施,她的孩子气,她的小动作,他都觉得无比自然可爱。实际上,丁玲在众人当中，并不是最出挑的，她不爱说话，别人发言时，她总是抿着嘴微微笑着，仔细地听，轻易不发表她的言论，神态里有几分谨慎，更多的是酽酽的清甜，好似一杯沥尽清苦的奶茶。

在他千里迢迢地赶到湖南之前，她对他之于自己的感情，懵懵懂懂，似乎陷落在红尘里，有些看得明白，能够了如指掌，然而片刻之后，便归于迷惘。丁玲自认年纪还小，其实也确实还小，她不过是二十岁的女孩子，感情的烦恼，她还没有太多精力去周折徘徊。她忧心忡忡，既为瞿秋白新的一段婚姻而黯然伤心，又急于自己给鲁迅先生的去信，焦灼地等待着回音。她或许知道那个男子对自己的心意，却无暇顾及。

然而胡也频却是强硬的，即使他最终并未讲出那句话，他的行为却可以表明一切。他向好友左恭打听她的爱好，平素的为人，左恭又前去问曹孟君，最后才告知他，其实平日里的丁玲，并不是如他们往日聚会一样沉默安静的。她会画画，自己床头挂着的那些肖像都出自她之手。对于各地的风情民俗，她亦是如数家珍，能讲得头头是道，谈起自己喜爱的东西来，她也能滔滔不绝、娓娓而来。她曾给自己刻一枚印章，上面刻了"丁玲"两个字，然后告诉朋友们，自己今后便要用这个名字。改名更姓，她希望看到一个全新的自己。

这个名字的由来，最简单不过。丁玲对蒋家和余家，都极其厌恶，并不愿意冠以他们的姓氏，行走于人世，她决定给自己一个同这两个家庭都毫无瓜葛的名字，用以人世留名，实现理想。于是在某一日，她拿了字典，随意就翻出这两个字来。"丁玲"，她就用这两个字，当时，丁玲恐怕也没有想到，这个名字，将会代替"蒋冰之"，千古流芳。

世间女子，都渴望归属感，鲜少女子有改名换姓、背离家族、敢于独自在世间流离闯荡的勇气。然而丁玲，不眷恋家族的荣华，也不怀念富贵浮云，而是独身在天地之间，背负着沉重的理想，隅隅而行。没有一个强大的内心，如何能成就如此之事，又如何铸就日后的恢宏岁月？

这件事，给胡也频带来极大的震撼，他未曾想到，看似柔弱稚嫩的女子，竟然怀着令男子都足以涌现愧色的勇气。那孤单弱小的身体里，蕴含的是一个怎样坚强铿锵的灵魂呵！爱往往源于好奇之心，爱上一个人，就会努力想去探究她的过往，她的内心，她的灵魂。岁月沧桑，时光荏苒，他爱上的人，要陪着他走过漫长流光，他迫切地想知道，她是不是就是自己命中注定的那个人。

后来左恭告诉胡也频，这位看似柔弱的女孩，虽然平日都是以一副坚强勇敢的面孔示人，然而心里还是有一道未曾愈合的伤口——她曾经失去过唯一的血脉相连的幼弟，这件事，是她和母亲心中始终鲜艳的伤痕。由于始终无法忘却这件事带来的悲痛，她时常流连于荒凉的陶然亭和公主坟，在寂静的月夜里，不可抑制地失声痛哭。

由爱而生怜，对于心上人的痛苦，这位走南闯北、一无所惧的才子感同身受。此时，两人的好友沈从文便给他们出主意，既然丁玲因为失去了一个弟弟而伤心悲痛，若是能再出现一个弟弟去关心她，想来她的悲伤，也会相应地减少一些。

胡也频此时正发愁如何接近丁玲的内心，沈从文出的主意，恰好给他指出了一条明路来——可不正是如此，她由于丧失弟弟而痛苦，他则可以代替她那早逝的弟弟，给她关怀，给她温暖，乃至一生一世地照顾她。他买来一束黄玫瑰，在上面系上一张小字条，写着——你一个新的弟弟所献。他请伙计将这束花送过去时，满心的忐忑不安。胡也频正如一个情窦初开的毛头小伙子，一心一意，唯恐自己的满腔爱意不被丁玲接受。

爱情织成的迷网，已经将他紧密捕捉。这种火热滚烫的情感,如同炽热的岩浆,溶溶燃烧着,毁灭天地,滔滔不绝。他不敢妄自去猜测她的反应与心意,也生怕她将他拒之门外。蝶翼轻展,这一厢好梦,却如他所愿,姗姗而来,悄无声息,令他心怀莫大欢喜,当真是好梦成真。终成眷属,这四个字,这样好,他捧在心上,珍重地放在最深处的匣子里。岁月悠长,他是真的,想用一生去呵护这个女子。

携　手

　　一直以为,世界上最幸福与幸运的事情,就是你爱的那个人,也是同样地爱着你。相爱,多么温柔缱绻的一个词,仿佛世界上任何一切事物,都会在这个词面前黯然失色。散步在西湖烟柳里的情侣,同行于漫漫风雨中的夫妇,滚滚红尘中你侬我侬的恋人,总是那样令人艳羡。所以羡慕的,不过是他们已经找到了生命的伴侣,灵魂的另一半。若有爱如此,即使红颜白发,亦不以为意。

　　即使是苦守寒窑十八年的王宝钏,也是值得羡慕的。在一些现代人看来,用十八年换十八天,似乎太不值得了。薛平贵十八年远离，将家中老少尽数丢给柔弱的妻子，十八年不是十八天，王宝钏竭力操持。娶妻当娶贤，这一点，薛平贵倒是圆满无比，唯独苦了妻子。众人皆说，何必呢，这样一个男人，即使当初是被迫离开这个家，然而荣归故里后还故意要试探妻子，更何况，他早在异乡有另一个妻子，十八年里他同那个妻子耳鬓厮磨，恩爱甜蜜。对于家中的发妻，他不过是想成就自己那最后一点道义，以免遭人唾骂。

王宝钏，太痴，太傻，太不会为自己着想了。然而，千古流传的正是她的这份痴情，这份傻气吧。她爱过，或许也恨过，也为爱坚持勇敢过，这样就值得了。人生多数庸常碌碌，能够做出件为后人铭记称道的事，此生，便也圆满了，总归不算是白来这世间走一回。过往的记忆，如同黑白胶卷，定格于脑海，纵使日后得而复失，谁能说那些不过是一场虚无？谁能说那些都是不值得的？值得，或是不值得，不过是自己的一念之间。在爱情的世界里，就像有人说的那样，没有值不值得，只有愿不愿意。

若纷纷红尘里，有两个人得以有幸成双，那是何其幸运的事情。丁玲和胡也频，便是当时尘世中，一对寻常而幸运的小夫妻。湘水悠悠，见证了他们的爱情；古树参天，同样镌刻了这段看似寻常，却异常铿锵的感情。

人们婚后总是有一段时间是格外甜蜜的，正如我们现在所说的蜜月，之所以甜蜜，是因为小夫妻们都还处在婚姻的新奇中。婚姻中的任何一切，对于他们而言都是值得尝试，值得拥有的。他们像是第一次睁开懵懂的眼睛看这个世界的孩童，他们探索着婚姻的神奇，专心打造自己的小家庭，他们将这段岁月变成各自人生中，最甜蜜的部分。

只有相爱着的人，才知道风中吹来的花香，有多么迷人；只有相爱着的人们，才晓得深春里绿荫间的鸟啼，有多么动人；只有相爱着的人们，才知道爱情的力量有多么神奇，足可以改变一个人。人情如水，冷暖自知，爱情又何尝不如是，爱着的两个人，做什么事情都是美好的，都是值得纪念，幽然沉醉其中的。

在北平乡下住着的日子，虽然清苦，两人却也乐在其中。妻子洗衣做饭，闲来外出写生；丈夫则捧了书细细品味，偶尔走到妻子身边，含笑凝视。红袖添香磨个墨，素手皓腕相交缠，旖旎生香，好比一对并蒂莲、比翼鸟，寻寻觅觅才终于找到了对方。

其实他们也不是全然平和的，他们也有吵嘴的时候。

丁玲是不太安分的女子，这个不安分在于她的敢于闯荡、她的勇气。而且，比起胡也频来，她更早接触了革命的理论与实际，还在女中时她就是学校的风云人物，后来她又在革命先驱瞿秋白身上学到了更多先进思想。所以，在这样安逸甜蜜的生活中，偶有梦醒时分，丁玲便会觉得哪里有些不妥，对此刻的现实，逸出些淡淡的不满来，忧愁也就染了眉头。丈夫是理解她的，但他吃过的苦，远甚于丁玲，对于现在的情状，他是知足常乐的，于是两人总会有些认识上的差距，像是在两个云端相望。于是有时，吵嘴就这样发生了。两人各抒己见，很容易就争吵得面红耳赤。

丁玲自幼丧父，母亲又为了生活到处奔波，作为女儿，她极少撒娇。然而面对丈夫，有时娇态便出来了，她任性，不依不饶，非要对方道歉，先低下头来。这本是有些无理取闹的行为，可落在胡也频眼中，却觉得可爱，他时常就先服软道歉，哄了妻子，两人才甜甜蜜蜜地重归于好，倒是比方才更加甜蜜恩爱了。

拌嘴就像催化剂，有愁有乐的生活，才有滋有味。

不久后，他们离开了那个诗情画意的北平乡下，重新搬回了城里。这次他们居住于北河边上的一幢小公寓里。烟水茫茫的地带，有如当真有个伊人，宛在水中央。公寓的主人对于钱财并不过于在乎，反而对于文学更感兴趣，他时常邀请胡也频和丁玲，同他坐一坐，喝上一壶酽茶，谈谈那些风花雪月的事情。这时，胡也频主编的《民众文艺周刊》已经停刊，少了一桩收入，境况便有些窘迫起来。加之，寄出去的稿子又时常遭到退稿，这些稿子，只是未曾遇上一个伯乐，并非是水平不够。于是胡也频便同沈从文，以及妻子商量着，打算自己出一个刊物，他有过当编辑的经验，并不怕前路难行。

只是，世事大多不易，想要办成件事，总得先备受折磨，还不一定能够成功。人生的坎坷，是历练人的利器，有些时候，也能将人折磨得体无完肤。他们还没真正经历过办一份刊物的艰难，看着报纸上屡见不鲜的告示，说本报出了一个副刊之类的，还以为只要有本事，有能力，谁都可以办成办好。胡也频和沈从文到处打电话，托人询问，却总是被客套礼貌而冷漠地拒之门外。此事迟迟未有下文，他们的日子却必须得过下去。

由于公寓老板对文学的热爱和对知识分子的尊重，当时这幢公寓周围，聚集了许多后来知名，而当时还穷困潦倒的文人。这些人里，有写《雨巷》的朦胧派诗人戴望舒,有著名翻译家徐霞村,他们聚集一起,像当时任何一个文学团体一样,为理想坚持,讨论过去和未来。在他们之中,胡也频不算是最有名气的,但他没有丝毫的自卑之心,如若在观点上产生了分歧,他依旧是要据理力争的,他成了论争的常胜将军,高谈阔论,极少有人能挫伤他的锋芒。

作为妻子的丁玲,也微笑着看他们争得激烈,只是仔细聆听着,并不插嘴,不插手帮帮丈夫,也不会生出什么对于失败者的同情来。她在聚会中,都是淡泊宁静的存在,如同春日里的清茗,幽然地飘着淡淡的清香,宁静美好,悄然沐浴在文学的烟雨里。暗暗地,她开始提笔写《梦珂》,初稿是随意放置的,别人看到了若是问起,她也只是含笑摇头,并不多说什么。她是无心出风头的,不过是依凭着心中的一念执着,悠然前行罢了。

后来有人通过这段时日,评价她说——她不大像个女人,没有年轻女人的做作,也缺乏女人的风情。她同人相熟时,时常是那熟人忘了她是个女人,而她自己也愿意这样。她希望人家待她如一个男子。

丁玲是明白在那样的乱世中,作为女子的种种不便的。她希望别人将她当成男儿之身,而非是红妆上战场的梁红玉，跟着钱谦益千万里奔走的柳如是，那些女子，在别人眼中都依旧是女子，无非是做出了一些超乎寻常女子的事情。而丁玲所希望的是那些朋友，能将自己当成纯正的男子，无须由于自己的性别而有所顾忌。她这样想，别人在她的引导之下，也按照她希望的那样做了。在这些朋友们眼中，她并非只是胡也频的妻子，一位男子的附属品，而是他们之间的一员，坚持，独立。

《梦珂》出版前，是经过胡世频仔细修改的，对于其中一些不妥之处，他也细心地给出了意见，才有了后来我们所看到的《梦珂》。透过时光的帷幕，我仿佛能掀开，看见一些温暖画面：昏黄烛影下，泛黄的墙壁上，挂着古老时钟，指针提示着一个深夜的时辰，然而衣着单薄的丈夫，依旧坐在灯火下，他面前是妻子的手稿，字迹温婉清秀，他落笔而下，慎重而爱惜。夜半起身的妻子，拿着旧衣走了过来，为丈夫轻轻披上。此时，已不用说话，任何话都是多余的，身无彩凤双飞翼，心有灵犀一点通。心灵相通的两人，透过对方的眼睛，就能明白那句未曾出口的话语。灯火漫漫，映出两张年轻脸庞，眼中的炽热火光，彼此唇畔，清浅如同流水的笑意，明亮得使烛火都暗自惭愧。

爱一个人，不需要太多的语言。一个眼神，一个动作，甚至一个笑容，就已足够。我从来不以为贫贱夫妻百事哀。只要有爱，任何问题都能豁然而解。爱是披荆斩棘、刺破苍穹的利剑，是呼风唤雨、撒豆成兵的咒语，是风风雨雨里的一叶小舟，是漆黑深夜里的一盏明灯。贫贱又算得上什么呢？只要两个相爱的人，同心合力，日子再漫长，痛苦再绵延，心中都是晴朗的天。

离　心

一段情，最害怕什么？

一对恋人，最担心的又是什么？

其实唯独担心的，不过是两人离了心，这份情，便不能够像以往一样纯粹美好了。或许，离心的最初，不过是些微的不信任、不自信，到最后，却可能会导致两人分道扬镳，老死不相往来，纵使从不曾忘记对方，也没办法回到从前，重新开始。

梁羽生《白发魔女传》中：卓一航刺练霓裳的那一刀，看似不过一刀。然而，刺入的是血肉之间，却伤在一颗曾满心只喜欢对方的心上。伤心伤心，伤到何处，才是极致尽头。她瞬间青丝成雪，绝情而去。他满怀愧意，十年苦守雪山，守候那株昙花的绽放。十年生死，纵使被他守候到了，她终归是被伤透了心，前尘虽不远，却永远无法追回。这段悲伤煽情的故事，只源于不够信任、不够坚定，而人世有太多的情侣，曾有数十年浓情相依，却被一瞬间的怀疑，毁于一旦，徒留断壁残垣，任风吹雨打，任人凭吊缅怀。

即使他们没有故事里那些决绝，悲伤到极致的面孔，背后的惋惜和伤痛，却息息相通。怀疑的种子一旦种下，一旦发芽，就极有可能使百年铸成的大厦倾塌。丁玲和胡也频，史书上记载是一对恩爱夫妻，然而他们，险些也无法避免离心之痛。人心难测，世事纷繁，他们携手而来，风雨里也能紧紧相握。然而，分离的原因，追根究底，往往不是始于外物摧残，而是源于内心某些信念的动摇与颓败。

后来，丁玲来到了延安，有人问她，你最怀念的是谁？她想了想，回答说，我最纪念的是也频。然后，又添上一句，我最怀念的是雪峰。那时胡也频，已经为革命献出了生命，而后者，依旧在人世。她说的雪峰，就是后来著名诗人冯雪峰。正是这个来自温润江南的诗人，险些成为了丁玲夫妻离散的原因。

爱情如同人生，亦有千百种模样。丁玲和胡也频的爱情，有过一见钟情的暴风骤雨，也有日久生情的细水长流。当他们在那幢小公寓里安静生活着的时候，丁玲希望自己多一技之长，萌生了学习日语的念头。经过熟人介绍，冯雪峰便出现在两人面前，专门教授丁玲日文。他的出现给丁玲的人生投射了一道温暖的阳光。

这位博学多才的年轻人，出生于如诗如画的浙江义乌，毕业于浙江第一师范学校，由于他的才华出众及翻译本领，年纪轻轻就在文坛负有盛名。后来，亦是这位年轻人，将瞿秋白介绍给鲁迅，促使两位巨子相识，共同领导了左翼文学运动。而当时的丁玲，犹自不知，自己这位来自清朗南国的日文老师在文学上的巨大成就。见面之后，两人相谈甚欢，他们兴致勃勃地谈论文学和革命，各自展望理想。他们化身两只雄鹰在未来的理想世界里翱翔。于是，本来是来教授日文的老师，忘记了自己的目的，本来学习日文的学生也忘记了自己的初衷。课程的计划，几乎被全然打乱。

世界上有一种感情，无关血缘之亲，无关男女恋情风花雪月。丁玲与雪峰之间，就存在这样一种特殊的感情，或许在外人眼中看来,他们太过亲近,太过令人费解,但当事的两人,乐在其中,被彼此的谈吐、气质深深吸引。这还不足以产生令人沉沦的爱情,却同样迷人心魄。

关于这段相识相知,后来,丁玲同一位外国友人提及冯雪峰,——他生得很丑,甚至比胡也频还要穷,他是一个乡下人的典型。但在我们众多朋友中,我认为他是最有文学才华的,我们谈了许多话,后来我发觉,这是我一生中第一次我自己看上的人。后来他离开了,我追着他也离开了,胡也频也追了过来。

丁玲向来是坦坦荡荡之人,人生,自己懂得就够了,对于那些种种过往,她甚少解释和掩饰,说到后来,她干脆坦然承认,自己确实是爱过冯雪峰的。那深情,流在心底,浓浓地,陪伴她走过孤寂岁月。

我一直以为,丁玲对冯雪峰的爱,并不像寻常的爱情,而是一种更类似于理想上的交融,对新奇世界的追求。她已经是一个妻子,虽然还没有孩子的束缚,却已经拥有了一个家庭。或许是因为这时候她还太年轻,经历了太多苦难,又过早就走进了婚姻的围城,有时难免会想要逃脱。她的丈夫虽然体贴温柔,有时未免过于忙碌,没有妥帖照顾好妻子的心理。就在这个时候,冯雪峰出现了，这个人，仿佛能给她羽翼，让她自由飞翔，他给她带来了一个新奇的世界，他如同撒旦一般，充满魅惑，令她着迷。于是她毫无理由地沉溺进去，甚至不顾一切地随之而去了。

这样的感情，不免畸形，我却不忍心对其苛责。如果当她是一个孩子，一个想要抓住什么而无能为力的孩子，一个柔弱多情却敢于争取、勇于成就的孩子，我们还忍心苛责什么？谁能保证，这漫长的一生，从不犯错，从不走偏。

当时的新女性，新人类们，似乎是更为崇尚一种"柏拉图式"的爱恋，这种爱恋，不沉溺于肉欲，无关男欢女爱。她们为爱而爱，在爱情里共同演绎一支灵魂的圆舞曲。丁玲和胡也频，两人相敬如宾，是一对甜蜜的眷侣。他们彼此却是一种自由的关系，谁都不会被对方束缚，丁玲可以肆意去寻找她理想中的一切，没人可以阻挡。然而这一次，她失策了。

她追着冯雪峰到了杭州，不久之后，胡也频也来到了这座城市。胡也频怀疑丁玲已经背叛了两人的爱情，而丁玲则指责他的不信任和疑心。三个人的故事里，总是难免会有伤害。这座美丽得犹如天堂的城市，竟然丝毫不能缓解她心中的纠结惆怅。她想要离开胡也频，当真跟着冯雪峰而去，然而她始终无法斩断过往的一切。她想起他风尘仆仆地追着自己来到湘水之畔，想到他什么都无条件地顺从她，包容她一切任性与骄纵，他待她，确实是世上最好不过。他没做错什么，她狠不下心，不忍心去伤害一个无辜的人。

三月烟雨，朦胧如诗。西湖的长堤醉柳，见过太多的悲欢离合，人情冷暖。他们三人行走在迷蒙春色里，仿佛是一场美丽的罪过。众人的侧目，背后的指指点点，丁玲并不在乎，她只在乎，自己到底该选择谁，该同谁接着走漫漫前路。愁眉百锁，情有千千劫，这场罪过，是她的劫，她的难，亦是她的缘，可究竟该如何化解，连局外人都只能一声长叹，何况是如她这样身在其中，更不知该何去何从。

才走了二十余年的人生，此时此刻，却仿佛已经穷尽了一生的力气，连回首都觉得费力。陌陌红尘里，她不愿意欠了谁，伤害谁，可事已至此，这个人世，逼着她做出一个选择，逼着她必须面对。她无法永生地耽搁于西湖的美梦里，现实能伤得人遍体鳞伤，他们都只是尘世中的凡人，终归要接着活下去。

三人在杭州度过了几天,这短暂的几日里,始终横亘着一把利刃,两个男人,谁都不愿意让步,他们只服从于丁玲的抉择。这对于丁玲来说亦是一个痛苦的抉择,辗转思索,她含着泪拒绝再同冯雪峰见面。她是聪明的女子,情感是沉重的债,拖得越久,包袱就越大。她也明白只有也频,才能是真正能与自己相依相守的人,他能包容自己的一切任性,原谅自己犯下的所有错误。作为女子,能有一个沉稳宽容的丈夫,才是自己最需要的。

　　她的心意已决,便将冯雪峰给自己的信件悉数退还,也发誓从此之后与他再不相见。她是决绝倔强的女子,一诺千金。

　　所有苦难,总有一面是收获,这一番波折后丁玲看见了胡也频待她的一份真心。世间之大,真心难寻觅。而在此之前,两人关系虽然和谐甜蜜,丁玲却还始终有所保留,终于,1928年,某个温润天气里,丁玲终于完全向丈夫敞开灵魂,决意同他白头到老,终其一生都不离不弃。真爱冲破了所有的思想的绑缚,他们的爱在经历风雨之后,更深,更浓。

　　每个活过的人,都是色彩斑斓的,有黑又白,有灰有蓝。那时候的人们,大多正如此时的丁玲,活得潇洒肆意,痛快去爱,也痛快去追寻。这样的感情,或许在我们看来,确实有违道义,不负责任,然而,既然连胡也频都未曾责怪丁玲,当时也无人觉得不妥,我们何必不宽容一些,毕竟这才是真实的人呵!或许是那个年代的人们,太过追求自由与解放,以个性独立为宗义,然而往往不得其法,也偶有弄巧成拙。

他们有弱点,有犯错,有走错过路。可偏偏就是这样的人,能拨动我们心中的那根琴弦,在历史的烟尘中写下华丽乐章。凡尘俗世,就是由这些形形色色、各成面貌的人构成的,如若每个人都一样的谦谦君子,这世界还有什么意思呢?

过往的故事,如同烟云被封印在尘世的记忆之城里。那些爱过恨过的记忆,宛如洁白信笺上的一行诗,任岁月缠绵,墨色消退,纸张泛黄,多年后再度拾起,上面的字迹依旧清秀鲜明。众多秘密之所以成为秘密,往往是被历史扭曲了原先模样。丁玲和冯雪峰之间的故事,也并非如后世想象的,是一段困在深春里,香艳旖旎的往事。对于这段历史,他们都不以为耻,坦坦荡荡,可在人前提及,也可宣之于口。前尘,不需抹杀,他们各自珍重,任后世随意评说,正因为如此,才显得如天上积雪,更加明净。

长　诀

> 彩袖殷勤捧玉钟,当年拼却醉颜红。
> 舞低杨柳楼心月,歌尽桃花扇底风。
> 从别后,忆相逢,几回魂梦与君同。
> 今宵剩把银釭照,犹恐相逢是梦中。

　　晏几道的这首《鹧鸪天》,极尽温柔缠绵,一梦的旖旎,一袖的往事如风。当年的繁华爱恨,终成东流水,几度魂梦相依,醒来身侧却是一片冰冷虚无,若是两鬓成霜之年,当真有幸重逢,拭去浑浊泪眼,依稀只当是还在梦中,未曾醒来。

　　谁知当年事,竟成梦中情。最痛不过离别,与一花一叶离别,与月白风清离别,与此生挚爱离别,与生命离别。当一切都写下终曲,画下休止符,就是想说一句"不如我们重新开始"都没有机会。而最残忍的离别,往往那样突兀。

　　丁玲与胡也频的诀别的开始,平静安详得如同每日的晨曦。两人已经正式成为夫妻，一同经历的风雨，升华提炼了这段感情，夫妻二人，从北平来到上海，共同面对生活。一个小生命的到来，却改变了他们的命运轨迹。1930年，丁玲怀孕了，两人即将从单纯的小夫妻，升级成为父母。这个消息，令两人欢喜，将有一个新的生命来见证他们浓浓的爱情，丰富他们多彩的人生，他的身体里流淌着自己的血液，他的生命，是真爱相融的结晶，那该是一件多美妙的事啊。然而欢喜之后，未免担忧。

生活的艰辛不容小觑，即将成为父母的两人，有高龄双亲，胡也频甚至还有弟妹，如此负担压在他这个长兄身上。这个突然之间来临的小生命，给这个小家庭带来欢悦的同时，也带来了几缕不可轻易言说的愁霜。身为丈夫，胡也频还是毅然承担起了家庭的责任，接受了济南某所高中的聘请，前去担任讲师。离别多苦，不久后，丁玲也离开了上海，来到了丈夫身边，一家三口，再度团聚在这个北方泉城之中。小别之后的相遇，更是格外欢欣和甜蜜。

重逢之后，妻子诧异又清晰地发现了丈夫身上的变化。他好似经历了一番彻骨地灵魂洗涤，他变得更加坚定起来，信仰令他的灵魂更加纯粹。他的步伐，亦是愈发地沉稳鲜明起来。他是他所任教的学校中的风云人物，每天都有那么多学生来找他，探讨人生，追寻革命。在学校，他大力宣传革命，宣传唯物史观，甚至是马克思主义。胡也频是坚定的，自信的，又是稳重平和的。在他的带领之下，学校成立了一个文学研究会，这并不是单纯讨论文学的团体，而近乎是一个政治协会。将近四百多个学生都加入了这个团体，最后连校长都被惊动了。

古老的中国，每分每秒都在变化。新思想的脚步，是越来越近了。风起云涌的时代，所有的硝烟之中，都有染血的魂魄。乱世风云，正需要有人揭竿而起，追寻一个崭新的世界，一个崛起的时代。多少人，不离不弃，在烽火中浮沉，在刀光剑影中辗转，只身而来，振臂疾呼，召唤中华大地上，所有有血性的灵魂。

如今的丈夫，让丁玲感觉如沐春风，除了爱，她对丈夫又心生崇拜之情。她凝视他的目光中，也就更多几分欣赏和柔情。

她本来就是新式的女子，思想与灵魂，都是超前的，与众不同的。她始终是行走在时代前沿的女子，枕畔的那个人，能够与她并肩而行，甚至是超越她，能够走到很远的地方，然后在近云的天幕之下，温柔转身，向她伸出手,笑容温暖,她的心中定会溢出满满的幸福。

这个团体,迫切希望找到党组织,毕竟,没有正式的领导,一个团体便很难维持。而济南的党组织当时隐匿在黑暗之中,自然无法轻易寻找。倒是在上海,寻找起来要更容易一些。于是他们就决定动身回到上海,然而在临行之前,胡也频又改变了主意,他认为自己既然是这个团体的负责人,便轻易不能丢下这里的一切,他应该再留下来看看情形才是。

消息就是在这个时候,传到了夫妻二人耳中。一位相熟的朋友给他们带来了一个惊人的消息,或许这个消息,早就在胡也频预料之中,但对于丁玲来说,她被蒙在鼓里,此时听闻,正如一石激起千层浪,惊得她魂魄为之震动。那位朋友告诉他们,当局已经发出了对胡也频的通缉令,他冒死前来,希望胡也频能够赶快离开济南,暂且先避一避风头。刚刚还是风平浪静幸福满满的生活,转眼间就翻起了滔天巨浪。

起初,胡也频坚持不愿意离开。而丁玲,被丈夫隐瞒着,并不知道此时丈夫已经加入了中国共产党,还只以为他们的团体,是一个纯文学团体,并没涉及什么严峻性,当局的黑白不辨她是深有所知的,因而她也就未曾坚持要丈夫离开。最后,在另一位朋友的苦劝下,胡也频才答应先行离开济南。

他搭上了一列前去青岛的列车,火车轰轰前行,他仓皇而走,留下丁玲在车站焦急地张望。有丈夫的地方,即是丁玲的家。在次日,丁玲就抵达青岛同丈夫相聚,丈夫离去之前,坚毅的脸庞,坚定的神情,都给她留下了极其深刻的震撼。丈夫的灵魂愈加光亮,这让丁玲心中泛起了激动。

有理想的人,自然而然,会纯粹而坚定起来,而此刻的胡也频,便是坦荡君子。他深知自己的行为犹如逆鳞而行,他触犯了当局的底线,他也知道自己做下的事情,说不定会给他带来灭顶之灾,然而,他早已写过一句话——文艺的花是带血的。其实他心中还有一句话,革命的成功,亦是带血的,何况他们从事的是那样天翻地覆的大事,他愿意,随时赴汤蹈火,为之献出一切。那是他的人生,亦是他的无上光荣。

他们辗转在那个风雨年代,秘密地满身风霜,除却几个密友知晓,回到了上海,他们居住在环龙路某一深深的弄堂中。小巷幽深,每逢阴沉雨天,青石板砖上,总有雨渍凄凄,经年累月,就生了蔓蔓青苔,如同蒙尘后的岁月,迷迷蒙蒙，凄冷伤怀。胡也频未曾停止他的秘密活动，他丢下怀孕的妻子，坚持行走在血雨腥风中。

他不是不担心家中的妻子，也不是不害怕即将而来的祸难。一介书生，心中岂是一无柔情。他忧心妻子的境况，也生怕自己的骤然离去，给家庭带来沉重打击，更害怕自己的孩子，方降落到人间，就可能失去父亲。然而，他更不希望自己的孩子，全中国的孩子，未来都生活在一片黑暗之中，他只想尽自己一己之力，为这些孩子们，开辟一片新天地。即使他的力量微薄，可若能将那个日子提前一分、一秒，他亦是今生无悔，死而无憾。他舍弃自我的幸福，正是为了自己的祖国能够实现更大的幸福。

他们是并肩作战的斗士，两人都是加入了"左联"的，而胡也频比妻子走得更远，他肩上的负担，也就更重了。他被选为"左联"的执行委员，并担任了工农兵文学委员会主席。他需要去完成的事情越来越多，而他能够陪伴妻子的时间，亦是越来越少。

雨打屋檐，坐听雨声。上海的雨季来得突兀，却经日不去。淅淅沥沥的雨，黏湿地落在心上，惹人心中一阵阵地伤愁。她是理解他的，因而，在每个离别的时刻，丁玲便站在小小窗根前，用温柔如水的目光送别丈夫。心中的不舍,牵动着眉头微蹙。可是,她只能看着那个穿着淡蓝长袍的年轻人,渐行渐远,她暗暗祝福他平安,祈求他一生顺遂。为了下一次甜蜜地重逢,她告诉自己要珍重。她明白,自己不是一个人,即便是为了也频,她也应该保重自己。

那个期待已久的小生命终于来到了这个世界上,孩子出世之后,做父亲的,虽满心欢喜,却也无暇在家中多停留片刻。他亲了亲孩子,转身就又要离开,只留给妻儿一个伟岸的身影。远在湖南的外婆给孩子起了名字叫"祖麟",希望这孩子日后光耀门楣,却不曾想,这个孩子跟父亲的缘分,不过就是这短暂的几个亲吻。浓浓父子情深,很难想到,几个吻,就是一生深情。

风声愈加紧,上海的巡警又开始到处抓人,而政府对胡也频的通缉,却是始终不曾取消。仿佛在黑暗中,有一只眼睛,在盯着胡也频。在儿子满六十天的那日,丁玲永远记得那一天,她抱着孩子,像往常一样在门口送别丈夫。一个平常的离别,她以为,这么多年他都平安回来了,那天,也如同寻常,他不应该有任何意外,他们会天长地久地走到沧桑白头。因此,她并没有太多担心,只是挥了挥儿子的小手,教他同父亲作别。也频笑了笑,只说很快就会回来。她不知道他说的这个很快，是多久。她知道，他是去百货公司买些东西，约莫买完了，就回来了。

她抱着孩子，心中自是惆怅，犹自想着一些凌乱事情。她已经同家中的母亲说了，孩子先送到她那里去照顾，他们两人身在上海，又肩负着重担，对于这孩子的成长，确实分身无暇。母亲也愿意照顾外孙，毕竟，常年孤寂的生活，若有个孩子相伴，自然是极好的。

只是丁玲还没想到，晴天霹雳，来得那样快。下午三点，日头盛极，沈从文匆匆而来，满身忧惧惶惶，他甚至来不及歇一歇，开口就问也频可曾回来过。丁玲还不以为意，笑着摇头，她亦是明白好友的担忧，于是出言劝慰，千百个日夜回转里，她都用同样的话安慰自己——没事的，必然会没事的，黑暗的夜过后，必然是清朗的天。她度过了无数忧心忡忡的时刻，此时此刻，她亦希望以此过关。她不容自己胡思乱想。

然而沈从文却愁眉紧锁，显然并不像丁玲那样乐观，即使她那乐观，亦是如履薄冰。下午过去了，日暮来临了，日暮又过去了，乌沉沉的夜迷蒙了整个世界。这静谧如死的冷空里，她的心跳，一点点紧促起来，她脑中有个极其不祥的念头——这一关，怕不是她以为的了。她打了个冷战，生生将这念头驱逐出境，可事实分明摆在眼前：她的丈夫，清晨离开之后，便再也没有回来。

她还不知道，他当真已再也无法回到这个家了，已再也无法亲一亲他年幼的儿子，柔声低语地安慰每日为他牵肠挂肚的妻子。在昏黄的灯影下，她提笔写下新生的誓言。她曾发誓与他白首不相离，可她从未想到，原来那个看似寻常的清晨，命运就已经催促他，向自己温柔诀别。她也未曾想到，那样平常的，他每次归来都会给予自己的温暖笑容，竟然是此生最后一次。他甚至还来不及同他们正式告别，就被匆匆带走，前往莫名难测的黑暗深渊，从此再不曾返。

他还那样年轻，不过度过三十余载的岁月，她所能够参与的，只是短短几个春秋，此后的春花秋月，他竟然独留她。十丈红尘，她终其一生，却再也望不见他穿着淡蓝长袍的清瘦身影，或许，他的魂魄，曾经归来，化作一缕长风，萦绕于妻儿身侧，流连难去。她已经很少流泪，然而心有预感的那个瞬间，她却无法控制地放声而哭，也频，也频，或许今生今世，在人间的四月天中，我唯独害怕的，便是你当真已离我而去。

第四章　风雪一夜入人间

镜　影

丁玲是在后来才知道胡也频当时被捕的情况。那是一月的某日,新年伊始,他去参加会议,然而会议还未曾结束,组织就遭到了叛徒的出卖。他来不及回家同妻子诀别,在朋友的保护之下,他匆匆藏身于东方旅社。他的心中焦急万分而充满了忧虑,接下来的两天,国民党特务出动了大批人马,紧密搜罗,终于搜查到了他们的藏身之地。胡也频与柔石、殷夫等人,一同被捕入狱。冰冷的镣铐将他们锁住,他们注定踏上了一条不归的路。

噩耗倏然传来,一个刚刚成了母亲的弱女子,没有被这残酷的现实压倒,却突然坚强起来。她更清楚,此时她更需要拿出勇气来。未来的人生路那么长，她不能失去丈夫，而她的孩子，更不能失去父亲！她要留住自己的幸福。她竭力让自己的心跳不那么剧烈，她甚至还安慰自己，还好，还好，毕竟也频只是被捕了，还没有上庭，法院也还未给他做出判决，他至少还是活生生的。坚持行下去，希望还在。

被捕之后，牢狱高墙里，胡也频依旧设法托人传出了一张纸条，交给了沈从文。沈从文一得了信，便忙着去找丁玲。她沉默着看完了字条，上面的字迹那样凌乱潦草，完全不像他平日里沉稳大气，他到底身处一个怎样的环境之中，他不去忧心他的前路，反而殷殷劝慰她，不要担心。不要担心，可是她要如何，才能够如他所言，不去担心呢？

她四处奔走，通过各种关系，寻找熟人，找律师，甚至是筹钱打通关系。那样的情况下，一切都是身外之物，哪有什么比得上自己丈夫的性命的呢。这时，房东也看出不妥来，这家人的男人已经多日外出不归了，即使妻子每日都说他会回来的，但谁都看得出她脸上的忧虑焦急。乱世浑浊，能够保住自己一家老小平安才是最重要的，于是房东便开了口，要她搬走。他也只是求个太平，却苦了这对母子。

这时候，李达夫妇伸出了援手，这不啻于是雪中送炭。她感激之下，依旧每日寻找营救丈夫的途径。丁玲的身体已经不太好了，她刚生完孩子，条件艰苦，本来就没有得到很好的调理。一月的上海，还是严冬天气，她外出到处奔波，脚上都长满了冻疮，她依旧毫无头绪，内忧外患之下，她的身体就越发地差了起来。可她还不能倒下。只要还有一线希望，她就不能放弃——她的丈夫，还在黑暗中等着她送去光明，她的孩子需要在一个完整的家庭中长大，她自幼家庭就不完整，她绝不希望自己的孩子重蹈覆辙。

希望的力量，到底有多强大呢？不过是一线熹微，可能只是百分之一的渺茫希望，她也要去尽力一试。这是寒冬的日子里，竹笋出芽的力量；是萧瑟里，春风泥融的美好。一个人若是濒临绝境，唯有心生希望，是他绝境中一根青藤，一叶浮舟，一个避风港。此时的希望，便是支撑丁玲坚持下去的唯一力量了，她期待她的苦心不会白费，也期待丈夫出狱后，两人琴瑟和谐，继续并肩而战，届时，她会比往昔更加珍惜他，爱他。

百经周折，她终于获得了一个探监的机会。时间定在九点,而丁玲和沈从文在七点时就到了关押胡也频一行人的龙华监狱,那样冷的天气,寒风瑟瑟,他们在风中站了六个多小时。风声叫嚣着从她耳边呼啸而过,她牵挂着里面的丈夫,心中一片空茫。他们填写了探监的字条,她将小小的字条攥在手心,紧紧的,仿佛那是一张救命的圣旨,一剂灵丹妙药,她几乎连汗都攥了出来。十个人一组十个人一组的家属被喊了进去,有些人拿到了一张朱红色的批条,是探监的通行证。而有的人的字条被看了一眼,就扔了出来——这往往意味着被探访的那个人已经不在人世了。

这种情景,看得她心惊肉跳,她感到一种死亡的气息在向自己慢慢逼近。她伸手将纸条递出时,几乎是颤抖的。她已经多日未曾见到胡也频了,他是生是死,是好是坏,她胡乱猜测着,就如同沉沉的噩梦,一直压得她连头都不敢抬起来。当那张朱红批条被递过来时,她松了口气,几乎要晕了过去。她忽地感觉到生命脆弱,如这纸条一般,忽而就飘落了。

他们从黑暗的铁门里进去,一瞬间,仿佛进入了地狱,一层一层,一道一道,四处笼罩着一种沉郁的死寂,人间的地狱,不过如此。丁玲抱着探监的东西,跟着人群缓缓移动。一群人围在铁栏前,不知望着什么。她跟着挤进去,犯人们正被狱警赶着放风,一个个拖着沉重的步伐。镣铐沉闷地响着,每一声都仿佛砸在丁玲的心上。她的心瞬间又沉了下去,她知道,她的丈夫就在这些人里。心有灵犀,她比谁都清楚。

她抑制住泪水,高声呼唤他的名字。胡也频像是听到了妻子的呼唤,他遥遥回头,望着她,看到她的身影,他扬起手,咧着嘴笑了起来。沉寂的眼神中,忽地闪出一抹柔情亮色。

他穿着厚重的棉袄,胡子拉碴,头被剃成光头,这些天又生出了隐隐的青色,此时他朝她挥手而笑,看上去当真滑稽有趣。也只有他了,在如此境地里,还能有这样大无畏的勇气,这样不惧凶险的快活。她被他惹得扑哧一声,笑了出来,然而笑着笑着,她又忍不住要流下泪来。她只遥遥看了他那么一眼,他就又被赶进牢房中去。唯一可以安慰的是,他这个阶下囚,似乎还自得其乐。

大千世界,漫步人生,我们将会遇上多少纷尘。我们唯一可以做的,就是给自己希望,予自己勇气,以得重生。我们唯独可以相信的,是我们不会被逆境永远封存,我们要相信自己的人生,不会永远都找不到完美时刻。爱恨嗔痴，往往始于一瞬，有时却能绵延半生。将半生的时光，用在悲伤痛苦中，本身便是一桩不幸。佛度众生，然而太多时候，我们只能自救，自食其力。

此时的上苍是残忍的，人世更是丑恶的。胡也频甚至没有接受任何司法程序，就被送上了刑场。一道密令，从南京而来，将几人从牢狱中提出来，冷冷宣布了枪决的命令。那些狱警，见过太多的生死，对于匆匆而来的秘密决定，也是屡见不鲜。死亡来得很快，胡也频和他的同伴们并没遭受太多痛苦，几声枪响过后，惊散的不只是树上的飞鸟，也将那些鲜活的生命，变成了过往云烟。

丈夫的死，丁玲亦是次日从旁人口中知晓。那个政府，擅长将丑恶的事情于万籁俱静的黑夜进行，以为天一黑，他们的罪恶人们就一无所知，殊不知，是欲盖弥彰。她几乎是绝望了，别人说她的丈夫，是英勇无惧的，即使在行刑的前一刻，也用温和坚定的微笑，安慰着即将一同赴死的伙伴们。他是手无寸铁的书生，学富五车，胸怀天下，却有着军人般勇于赴死的勇气。

她就这样，在那个无声的黑夜里，一无所知地匆忙与他诀别。这一别，便是紫陌黄泉，再不复相见。往事依稀还在眼前，而当初发誓要成为她新的弟弟，守护她一生的那个年轻人,已经同她遥遥远离。他如同流星,在她的生命里,瞬息照亮,又瞬息滑落。生当复归来,死当长相思。她知道,他必然是坦荡而去,不以为痛的,他唯一牵挂的,只是柔弱无依的妻子和年幼的孩子。她不曾辜负他从前的万千柔情,也必不能辜负他临死前唯一的挂念,令他在九曲黄泉下,都无法瞑目。

滚滚长江,奔涌无息。往事不可追,逝者已矣,她无法抗拒命运无情的倾轧,却可以将他珍重在心底,然后背负着他们的梦想,走他走过的路,做他做过的事,完成他们共同的梦想。

战　场

要经过多少残酷的历练,一个人才能成长。温室里只能培育出娇嫩的花朵,经不起风霜的吹打。经历过血和火的洗礼的人们,他们的灵魂,必然比寻常的人更加坚定勇敢。命运无法选择,更无法改变,唯独可以改变的只是自己的心灵。面对浑浊人世,多少人竭力呼喊,让暴风雨来得更猛烈吧。面对黑暗的血路,他们甘愿化为其中铺路的石,渡河的桥,引一个新的美好尘世。

他们是勇敢无惧的,正如那时那个刚刚失去丈夫的妻子。她经受过弟弟骤然而去的伤痛,好友霍然间离世的痛楚,还有,丈夫离去的巨大悲痛。她已经没什么可害怕的了,泱泱众生,她只求无愧天地。

远在福建的公公,不知从哪里得知了长子的噩耗,竟然不远万里赶到上海。年迈的老人知道孩子已经不在人世,然而他还留下了妻子和幼小的孙子,好歹继了香灯烟火。他希望能看自己的孙子一眼,即使媳妇不愿意将孩子给他带回去照顾,也算是有了个慰藉。然而还没等他见上小孙子,家中就传来了急电,说是老妻病危,要他速速回去。他只能连夜登上了回福建的船。水流湍湍,他的心却比这水流还要急。他活了几十年,有四个儿子,有个儿子死在了炮火里,长子的死亡更是给这个家庭带来了极大的打击。他怀着对媳妇的悲悯,对孙子的可怜,就这样离开了上海。烟波浩渺的海岸线,丁玲静静望着,她又送走了一位亲人,之前她只担心老人要带走孩子,那样他们母子就是天各一方了,以后相见都难,她恐惧这一点,孩子是她如今生命最大的系念,所以并没把孩子带出来。

公公这关还算好过,他还有两个儿子,所以不怕晚景凄凉。可是自己的母亲呢？她一向是将也频当成自己儿子，对他是发自内心的疼爱。她甚至不敢将丈夫的死讯告诉母亲，老人家年纪大了，只怕会吃不消这令人悲痛欲绝的消息。可母亲还没到耳聋目盲的地步，关于也频的事情，她不知从何方听到了一些风声，她忧心忡忡地写了许多信来询问消息。那些信上的殷切关怀，看得她几乎失声痛哭。越是浓情，越伤人。命运带走了她们的至亲，也给她们带来了至痛。

时隔很久，丁玲依旧不敢将真相告诉母亲。沈从文的笔迹同也频的十分相似，估计可以瞒过母亲，她请他写信欺瞒，示意丈夫为了某些秘密任务，前往苏联，才总算是安抚住了老人。而老人回信却说，既然女婿已经离开上海，那女儿一人既要工作，又要照顾孩子，未免太过辛苦，她得到上海来帮忙。丁玲吓了一跳，如果母亲来到上海，那之前的一切谎言就不攻而破了，这使得她不得不准备带着孩子回家一趟。

护送丁玲母子的是沈从文。一行人从海路转水路，足足走了九天。她早就剪去了长发，一头齐耳短发，贴在脸上，被风吹起，碎碎的，教人心疼。船下的水，依旧脉脉流淌，生生不息。十多年前，她也是这样站在船头，眺望天边来去自如的云,渴望自由,渴望飞翔。今日的她再次站在船头,却已经是一个妻子,一个母亲。茫茫无声的夜里,只有水声不绝,只有船头那盏时明时暗的灯火,幽幽的,驱散层层黑暗。

终于回家了。她抱着孩子,站在那扇熟悉又陌生的门前,手悬在半空,迟迟不敢落下去。她害怕,害怕见到母亲,自己会控制不住地失声痛哭。她只是母亲膝下的小女儿,永远娇憨柔弱,这世上,唯有母亲的怀抱,是她一生的眷恋。母亲却迎了出来,看着襁褓中的小外孙,欣喜万分。外孙的到来,给老人孤寂的生活,带来了许多快活与慰藉,这一抱,是再也放不下手的了。丁玲只好将孩子托付给母亲,由母亲来照顾孩子,她也更加放心。这样小的孩子,若是跟着她到处流离,未免太过辛苦,对于他的成长也极其不好。跟在母亲身边,到底安稳,母亲当了多年的教员,对于孩子的启蒙,她亦是毫不担忧,她不正是在母亲的照顾下,好好地成长起来的么。

她毫无后顾之忧地回到了上海,信心百倍地投入到工作和创作之中,然而她的身体并没有好转,精力也差,于是她开始抽烟。一个抽烟的女子,总是容易令人联想到寂寞与桀骜。苍白的飘逸而来的烟圈,给她染上了一些神秘色彩。其实她只是为了提神罢了，烟叶虽然苦涩，却能令她从短暂的沉沦中恢复清醒。她同当时其他许多出名的女作家不同，张爱玲是奢靡的，华丽得如同一袭织锦的长袍；林徽因是清秀的，仿佛是幽幽清池里开出的一支白莲；而苏青是世俗的，喜滋滋地留恋人世，几乎同它融为一体了。唯独丁玲，是清醒又坚定着的，她从不修饰打扮自己，夜夜的创作，几乎将她变成了隐居的女道士。

另一位女作家白薇曾劝说丁玲放弃这样的生活，如此生活，未免是太不爱惜自己的身体。白薇劝她离开上海，去一些地方教书，这对她的身体，是很有好处的。白薇是一片好心，丁玲亦是坦然受之，然而她还是摇了摇头，苦笑着拒绝了这份好意，她清楚地知道自己是什么性格，也明白自己并不适合当先生，她决不能放弃她的这支笔。

倘若丁玲愿意教书，那么她早就会服从母亲的安排，在家乡附近寻觅一所学校。她是从正式的师范出来的学生，找这样一份工作并不艰难。如若当初她接受了这一切，就不会有后日的半生流离，她也不会受这些苦难折磨。或许，她可以在学校附近寻一处清静的庭院，无需太大，只要有一棵茂密的树，一个能够仰望天空的小院，一张石桌，一把藤椅。雨后天气晴朗，她便可蜷在藤椅中望望遥不可及的蓝天,泡一壶碧螺春,沐浴洁净茶香。人生在世,静无波澜地这样过下去,与世无争,仿佛妙极好极。

可她终究不是这样安静的女子,她不能像她们一样,悄无声息地在画楼西苑中盛放,在春深好景中无忧成长。这样的人生,或许圆满,或许令人艳羡,却不是她要的。千百般好的事物,不是她想要的,她便不爱,也不要。她渴望的,是另一种人生,有缺憾的圆满,会受伤,会疼痛,会流泪痛哭,却轰轰烈烈,一如史书上记载的千军万马,奔腾烟尘。那是她的战场,亦是她的圆满人生。

人生不息,她的战斗就不息。当时,不轨用心的人们,到处散播着不实的谣言。他们说,丁玲已经逃到了俄国,或者她叛变了革命,已经被捕了。甚至还有人说,她已经被当局枪决身亡。这些谣传,令她烦不胜烦。当局别有用心,既然不能给她死亡的威胁,就让她生活得更加艰难。为了避免更大的伤害,丁玲干脆搬到了更隐匿的地方,既然无力与之抗衡,那么就远离这红尘攘攘纷繁事。她许久不曾出现,甚至令许多人都以为她当真已经被捕身亡。在铺天盖地的白色恐怖中,这并不是什么稀罕的事情。然而消息传出来,便更加人人自危了。

她同地下组织的联系更加密切了。在也频被捕之前，他是即将动身前往江西的，于是丁玲也向党组织提出了这个要求，但组织慎重考虑之后，却要求丁玲留在上海，主办组织上要求的一个刊物。此时的上海，已经不复曾经的繁华，而是时时处在一种危机和紧张的氛围中。由于左联五烈士的离开，文学上，便没有了更大的力量，他们更希望丁玲能出面主办一份刊物，传播力量的火种，重新将希望带给那些有血性的青年们，让青年们团结起来。

当时的中国文坛，有名的女作家并不多，冰心暂时因病停止了创作，另外一些女作家，或是沉溺于词曲研究，或是潜心于画作，而丁玲的坚持，令她在青年人当中闻名遐迩。她如一朵火红的玫瑰，在风雨中娇艳地怒放。她每次去大学的演讲，都受到极热烈的欢迎。这样的情况下，由这位年轻的女作家来主办《北斗》是上上之选。

在组织的安排下，丁玲便不再前往江西，而依旧留在上海，将这份实际上是"左联"机关刊物的《北斗》办得有声有色。她再一次找到了自己的战场，开始走出失去丈夫的悲痛。天下无不散的筵席，她是豁达的，明白人生旅程中，不见得有人能陪伴自己一生一世。正因为她爱他，所以她应该以更美的姿态，更好地活着。

烟雨蒙蒙,他终究成为她心上永不褪色的朱砂。丹青绘不出,唯有刻骨铭心过的爱,才能在心底留下如此深刻的印记。时光消逝,那个在过往里与她温柔同行过的年轻人,他的温润笑意,他曾握紧她的手心的手,他曾在眉间落下的柔软亲吻,终究消散成云烟。她花了很久才走出这段阴霾,她仰望晴空,默默地许下心愿,愿来生,还能与他相遇,今生已经无悔,来生也愿意重逢。她想,此刻她是真正成长了,往后的路,没有他的庇护,她也能走得很好。

非　梦

我时常会想,什么时候的人,在世人眼中,姿态最为完美。这个问题,不同的人有不同答案,正如千人千面。而以我之见,当一个人,俯首,垂眸,专注安静地去竭力完成某一事情的时候,最为美丽震撼。这是一支莲花竭力生长,刺穿沉厚淤泥,浮出水面,绽放瞬间风华的专注;是清澈的流泉,日夜不息地奔流歌唱,终将嶙峋怪石磨平的坚持;是春燕往返数千里,穿梭于年复一年的寒暑,跋涉迁徙，最终于江南小桥屋檐下落脚的圆满。

一个人认真专注起来，目光只落于手中唯一要完成的事上。一颗心，只为眼前此事专注。满身血肉，仿佛也只为之而存在。此时，未免是太过迷人的一刻。有时，吸引一个人，不需要太多华丽的语言，太多绚丽的浪漫，只需要一颗专注的心，就足以打动任何固执清高的灵魂。丁玲之于《北斗》所付出的，亦是如此。

这份刊物，如同它自身的名字，北斗七星，清晨时分还依稀明亮的星辰，在黑夜里更是照亮了许多黑暗虚无中的人生。它不只照亮了那些疲敝的灵魂，更照亮了丁玲自己的灵魂。之前的丁玲，是疲惫的，唯一支撑她的信念就是到江西去，接受丈夫留下的工作，完成他未竟的遗志，令他九泉之下能得以瞑目。组织却像是她的另一位母亲，甚至比她自己更了解她，明白她的力量，她所能胜任的任务，并非只在江西。

主办一份杂志，作为主编，手头上的琐事大大小小加起来，足够令丁玲焦头烂额。然而她并未退却，反而感到异常充实。累虽然是累极了，可正是这样的忙碌，令她每晚都能酣然入睡，而并不像从前，辗转反侧，亦久久无法进入梦乡。也是趁着这个机会，她见到了自己年少时分就十分崇拜的鲁迅先生。

年少轻狂时，无法无天的我们，有没有突然就狂热地崇拜、爱上谁？或许这场崇拜的初始，只是路过某个站牌时，瞬间入眼的大幅广告牌上的美丽面孔；或许是街角某处不经意间，流淌出的低回婉转的音色；又或许，是某个流光幻影的荧幕上，舞榭歌台，落尽万千繁华后，夜深人静梦回时，唯独流转于心头的某个身影。

痴狂的爱，往往始于一瞬之间。对于崇拜，对于偶像，我们或许爱就爱了一生，或许在成熟之后，某个一念之动里，就释然了。而我想，这个年轻的女子，对于鲁迅先生的崇拜，应是前者。鲁迅是当时的文坛泰斗，丁玲很早就开始关注这位脾气刚硬、言语犀利的先生了。他的文章，她少年时就时常坐在树下，静静地凝视过其间的每个字句、每个符号，她似乎想透过这些文字，透视先生的人格与灵魂。她为他笔下的铿锵激情而感动，为他语言中沉重又无可奈何的苦痛而感同身受，为他所塑造的那些悲哀人生、悲哀灵魂而同受其哀。她在他的文章里汲取力量，如同当时许多青年那样。

鲁迅之于她，是一个永远不可忽视的存在，是青春过后留下的长久记号，也是生命旅程里不可遗忘的绚丽风景。所以当她知道自己有机会能见到鲁迅先生时，她不由地激动起来。她曾激动地在脑海里无数次描画鲁迅先生的样子。而眼前的先生，同她想象的有所出入。他今年已经五十岁，这位到了知天命之年的中年人，个头并不高，他容貌消瘦，目光却坚强自信，深邃有力，有一种顶天立地的男子英武气概。丁玲想，大约也只有这样的先生，才能写出那样嬉笑怒骂又沉痛哀婉的文章，痛快又犀利。他的思想是一座高峰，在他的灵魂的照拂下，她一定会获得更大的成长。

丁玲此行是为了《北斗》的版画而来，鲁迅先生拿出了许多版画，供她选择，并仔细地向她解释了作品的来源蕴意。最后，他们选了一幅珂勒惠支的木刻。鲁迅先生曾与柔石共事，那位年轻人，同胡也频一样，也是"左联五烈士"中的一位。这段渊源，未免令她想起了也频，往事种种，又在脑海里漂浮，她又想到自己是在做他喜欢的事，若他能看见，必然欢欣满足。然而，如今，他却不在了，这样想着，伤感便慢慢地爬上了眉头。

《北斗》没有发刊词，唯有一段鲁迅先生在木刻画之下写下的说明，然而能有这段说明，就足以举足轻重。

不久后，《上海时报》刊登了沈从文的《记胡也频》。她原先也想给他作一个传记，然而每每提笔又重新放下。她的伤口虽早已凝结成薄薄的痂，可如若由她自己亲手揭开，不免疼入骨髓。如同一场幻梦，也频这个名字，千回百转，又出现在她眼前。余痛并不是那么容易忍受的，她只能用更多的工作麻木自己，身体疲惫至极的时候，她便什么都不再想。

此时的丁玲，战斗意识已经十分强烈了。多年的战争与火，将这个曾柔弱无依的女子，磨炼成了坚强勇敢的女战士，她可以冲在前线，如同最勇敢厉害的先锋，将面前所有阻挡自己的荆棘，都一一劈开，开辟出一条足以供万千人奔赴新生的道路来。她决然无悔投入到了这场战争。

除了担任《北斗》主编的工作之外，这位勇敢的女战士，还在百忙之中抽出时间，参加"左联"组织的各种活动。如她自传中记叙的那样，她参加了"九一八"后，在上海举行的反日游行，即使作为一名年轻女子，她亦是身先士卒，她不怕死，无惧烽火。她亦是充满激情地去参加各种演讲，不知辛苦一般地，奔波在各个大学之间，那是她的阵地，也是她的战壕。作为当时极有名气的女作家，她宛如一个传奇，充满神秘的色彩，在那些学生眼中，她是遥不可及的，她写的莎菲和梦珂，都是他们生命中最亲近熟悉的人,然而对于丁玲本人,他们之前,并不了解,他们也就更想去探究她。正如年少时,丁玲希冀通过那些冰冷而滚烫的文字,了解鲁迅先生一样。

那些学生邀请了她,他们热烈欢迎她的到来,听完她的演讲之后,他们才发觉她并不是一个难以接近的女子。尽管她的人生,已经传奇曲折得超出他们的想象。当时的小报经常讲她抽烟,行为落拓,不拘小节,不在乎自己的形象,也不顾忌他人想法,仿佛她是一个孤傲冷淡的人。然而,不曾亲眼见过的事情,总是真真假假,难以分辨。他们眼前的丁玲,穿着皮大衣,踩着高跟鞋,梳着齐耳的短发,整个人利落干净,加之她的坚定神情和铿锵讲演,使她看上去便是十分赏心悦目的人。

她的演讲,并不是侃侃而谈,也不是一些苍白的激励话语,而是散漫的,交谈式的,她甚至还会谈到自己的父亲,是如何喜欢马,如何在马身上,将他的纨绔,展现得淋漓尽致。这种方式,更容易接近那些年轻人的内心。她不是神坛上高不可攀的神,而只是一个最普通寻常的世人,如同邻家的姐姐,温柔细心地聆听他们急切的话语。这种毫无拘束的谈天,更有利于心与心的融合。

这种演讲,并不纯属政治演讲。她并没有刻意将年轻人引导进政治中,而学生们的热情出乎意料的高涨。或者,这就是一个属于青春的时代。

此后漫长的时光中,他们也未曾忘记她。在他们的青春里,丁玲是一个光辉熠熠的存在,证明他们也曾热血飞扬,青春年少,证明他们也曾为了奔赴新生,赴汤蹈火。在那么年轻的时候,她就已经有足够的力量,去影响一代人的梦想,甚至是他们日后的人生道路。张爱玲说,出名要趁早。张爱玲的文字中,并没有丁玲那般,令血液都可以沸腾的力量。旖旎的温柔乡固然令人沉醉,然而在那样的乱世中,唯有奋起一搏的坚强勇气,才能新换一个太平盛世。

不久之后,丁玲就向组织提交了入党申请书。这是她许久以来的梦想,当她向当时在"文委"工作的阳翰笙提出要求之后,她原本以为还会经受一些波折,只因世上好事多磨的道理,她在苦海中沉浮太久,所以当事情轻而易举时,未免使她不敢相信。因此,当阳翰笙微笑着回答她很好的时候,她愣了一愣,觉得有些不真实。

上海这个永无黑夜的城市,即使处于乱世,也犹如尘世中孤独的岛屿,犹自孤冷,犹自繁华。这座年轻而又沧桑的城市,承载了太多的恩怨情仇,每块城砖,每个转角,每一滴江水，都残留太多的故事。这里是丁玲除却真实的故乡之外，第二个眷恋的故土，她自此成长、成家，也在这里找到了她苦苦寻觅的归宿。人生来就在寻觅最终的家园，这是一个永恒的、贯穿人生的梦想。那不是一座真实的城池，却是一个永久的天堂。

她的入党仪式，有些匆促，没有象征党的党旗，没有公式化的誓词，甚至没有宣誓时的凝重，却是格外的庄重肃穆，或许是因为有了信仰的虔诚，任何简陋的风沙中，都能生出美丽的绿洲来。跟丁玲同时成为党员的有田汉等人，主持这个仪式的是潘梓年。他们隐匿于上海的繁华之中，灯红酒绿、纸醉金迷里，他们是一群看似融合其中，又格格不入的人。他们随着周围的人们一同举杯，颂唱的却是不一样的内容，别人为凡尘中的琐事碌碌而举杯，他们却是为梦想而颂，为未来而歌唱。当饮尽杯中酒，丁玲就正式加入了这个集体，真正成了这个大家庭中的一员，与这个大家庭荣辱与共，为这个大家庭生死无悔，这是比爱情更坚贞的忠诚，也是她自心底发出的誓言。

组织原本之于《北斗》的意图，是想将它办成一份中立的杂志，政治上并无鲜明倾向，只有这样，它才不会引起当局的注意，遭到查封，因此当初在选择主编时，便选中了丁玲，因为当时的她还未曾入党，明面上，她到底还是个自由派。然而此时，随着丁玲的入党，形式就复杂起来。作为主编，其政治倾向是会鲜明地反映到其编辑的刊物上去的，随之而来的，就是《北斗》愈发地"红化"了。

在和平时代，这样一份文学杂志的存在是合理的，也不会引起太多关注，可它却偏偏是诞生于血与火的激情中。等第五期出刊，这份杂志便出现在当局的办公桌上。黑暗势力无孔不入，它们如同细小湿腻的蛇，阴冷地藏匿在你无法发觉的角落中，时不时就吐出红信。丁玲屡次遇险，幸而她聪慧机灵，才屡次都能从虎口脱生。作为主编的她，的确是受到当局极度的重视了，无奈，《北斗》的编辑工作只能转移到地下进行，而她的其他工作，也随之转入地下。纵使如此，她依旧不能逃脱当局那些阴险的密探，他们到处寻访丁玲，装成最寻常不过的读者、路人。为了保存实力，保护她的生命，组织给她发出了停止办刊的命令。而实际上，《北斗》也确实是无法继续存在了，当它出到第八期的时候，当局终于将其查封。

再一次，她又失去了实现梦想的途径。幸好，她还有一个强大的后援，那是她的依靠，是她的盾牌，亦是她刺破苍穹的剑。她是扑火的飞蛾，是追日的夸父，没有任何人，任何事，能够阻挡她的去路。纵使日后岁月沧桑，尘世变迁，她回忆起此时的慨然热血，亦是不悔不怨。她深知，来路还有众多未知的风霜，她却依旧，以一颗虔诚之心，去信任坚持。

前　尘

寂寞，你可以忍受吗？相思入了骨，就是穿肠的毒；朱砂渗进眉心，就是赤裸的愁；如果寂寞潜入灵魂，那么，你是否可忍受坚持，这万籁俱静的虚无。我们五千年的历史中，并不缺乏独居深山的隐士，李太白年轻时最爱做的事，就是深山寻隐。林逋于西湖之畔梅妻鹤子，朱奔削发入道孤冷一生，幽深的青山之中，唯有一间竹屋，一丈青庭，要怎样清静坚韧的心，才能忍受无人相伴的孤寂清愁？

或许，容我作答，他们是对这个尘世死了心，灰了意，关于如此迷离纷扰的红尘，他们再无兴致，关于参与其中，他们不会想，也无意行走其间。如此，清风明月，了此一生，也不妨浅笑徐行，漫步山野，做一个悠闲的人，用一生的岁月，去写一首自得的诗。

然而，红尘之中的我们，往往没有这样高洁雅致的心性，也没有那样一颗能容忍寂寞作祟的心。我们不过是碌碌尘世中，最寻常的一些人，会怕冷，会怕失去，会怕孤单寂寞。这并不是我们的劣根性，而正是我们活过、爱过、恨过、真实存在过的证明。如苍天见证姻缘，明月见证红线，这些看似柔弱的东西，同样见证了我们曾经是那样活生生地存在过。

　　往事如梦，前尘如烟。失去丈夫后的丁玲，应该也是寂寞的吧。如果那个孩子还在她身边，她或许还会好过一些，可夜深时分，枕畔的孤冷，未免太过难熬。纵使她是最坚忍、最强大的女战士，可她依旧是个女人。身为女人，某些地方必然是柔弱的、微小的，强颜欢笑也无法修饰悲哀。其实，她也不过是俗世中寻常的人，需要有人相伴左右，细心地呵护，如同呵护一朵最娇弱的花。纵使她并不娇弱，然而心理上，她总归需要有那么些慰藉。

　　冯达就是在这个时候出现的，在她最孤苦无依的时刻。那时，她肩负着重任，家庭的、组织上的，还有个人的，任何事情都压在她身上，几乎令她无法呼吸了。他这样从天而降，即使他不是她命中注定的，那个对的人，她也为之陷落了。他很白，英俊而干净，有一双柔和的眼睛，又略略带着清浅的稚气,有时像个孩子,有时又严肃得令人震惊。他彬彬有礼,如同一位远渡重洋而来的绅士,流利地说着英文,纸醉金迷地流连于洋人们之间。实际上,他是一位党员,表面上的游戏人间,不过是为了迷惑那些有着恶毒意图的敌人们。他们在一次采访中相见,一家国外的报纸,邀约了丁玲,希望对她进行采访,那方请来的翻译,就是冯达。

　　人生,就是需要有个伴侣的,可以风雨同行,共同承担、分享生命中的悲痛与欢喜。也频还在的时候,虽然时常忙得顾不上妻儿,但家庭中的一切,他都尽量安排得妥帖,不需要丁玲为之多操一份心。她原本已习惯了那样的生活,亦是以为这种生活,会持续到死神来临的那一天。死亡令他们仓促分手,骤然之间,她落入了凡尘。身边的朋友都曾劝她,再寻找一位良伴,他们也实在不忍心,任她在孤苦的人世里,孤身流离。她才二十七岁,很年轻,时光的脚步还不曾带走她的青春。然而她的心,确实是如同大漠中缺水的花,慢慢地枯萎了。或许,唯有爱情,才能令它重新盛开。

　　冯达款款而来,他是眉清目秀的年轻人,同她上一位丈夫,毫无相似之处。他更像一位书生,白净而温文尔雅。

第一次见到丁玲,他便已有所关注。关于她之前的传闻,他也听得不少,此时她端坐在他面前,侃侃而谈,坦荡自如,并不掩饰过往。她口才不错,同传闻中的孤僻沉默,相距甚远。而她衣着也大方得体,她还有一双明亮纯净的大眼睛,似乎将所有的悲伤都掩埋在最深的地方。他不由就产生了某种猎奇的心理,如有过来人,一定会告诉他,这是坠入情网的前兆。

然而,他只有二十六岁,年轻,甚至稚气,此前他从未将心交付给过谁。对于此时的异常,他一无所知,也不曾发觉。在结束访问之后,他们当真成为朋友,丁玲交友甚广,朋友满天下,对于这个新朋友,她也未有预感,此后她将会同他有近五年的纠缠,她的人生,甚至因他而改变。

《北斗》的停刊,令丁玲将多余的精力,更多地用于自己的创作上。历史上,她不是以一位烈士的遗孀、一位母亲、一位共产党员而名留青史,她是一位举足轻重的女作家,她的笔就是她的武器。那时她于作品的专注,更是一种幸运。创作是孤寂的,她将自己封闭在笔下的世界里,她亲眼去看,亲眼去想,自有形形色色的笔下人物令她不觉寂寞,然而她一旦走回现实,清冷的寂寞,便如滚滚而来的潮水,将她淹没了。

冯达逐渐出现在她的生活中，他以一种润物细无声的方式接近丁玲。他陪同她外出，购买东西，他只是简单安静地陪伴。对于她的创作，他并不能像也频一样给予意见甚至是作出修改。他是个沉默的人，宛如一道灰黄寡言的影子，静静地跟在她的身后，不多嘴，不惹人讨厌，连关心，也是默默的。他的关爱如同那和风细雨，浸润着丁玲干枯的心。在相处的日子中，丁玲发觉若要一个人来安排她创作之外的生活，令她不必为俗事烦忧，他果真是不错的人选。他沉静而忍耐，负责而妥帖，这样一个人在自己身边，必然能将自己的生活安排得井井有条。不得不说，冯达是个温暖的伴。

丁玲经历了诸多人生凄寒苦雨，她内心渴望着温暖，而此时，冯达却双手奉上。丁玲终于接受了他的爱意，不久之后，他们同居了，他们重新搬到了昆山花园路的一幢房子里，过上了平静简单的日子，后来这个地方成为党的秘密机关。这个故事，并不像人们传说中的那样浪漫，没有一见钟情，也没有惊天动地，有的只是凡俗中最寻常的男女，为了寻求温暖，驱逐寂寞，搭个伴，暂且走一段人生的旅程。

冯达对于丁玲，或许当真出自喜欢，然而丁玲比他年长不说,经历的也比他多。她像是一首漫长的史诗,读起来,或许要几天几夜,亦是需要慢慢细品。而他不过只是一阙花间词,单纯的爱恋,单纯的词句。甚至她自己也异常清楚,自己并不爱他,喜欢,可能有几分,然而当年跟也频纯真的感情,决计无法在这个年轻人身上产生,她只是难以抗拒入骨蚀肠的虚无和孤冷,她只渴求温暖,不渴求对她来说太过虚幻的爱情。

他们还是很有话说的,他们并不缺乏共同话题。虽然冯达并不是口若悬河的人,但作为翻译他也看过不少书籍。这种精神层次上的交流,使他们交谈起来也愉悦舒心。丁玲是不会选择一位毫无所长的人一同生活的,即使只是凑合着,她也不会随意而为。白色恐怖将上海这座城市,变成一座黑暗的城,丁玲愈发不敢外出,而她身边,唯有冯达,是一直陪伴在她身侧的,这份感情,就足以教人羡慕。或许无关爱恨,却能紧密相依,这看上去总是温馨的。

1933年三月的某一天,上海的天气正逐渐温润起来,春回燕归,仿佛一切都随之好转。丁玲却在这时候失踪了,任何人都寻找不到她的下落。当时一个人,尤其是共产党员,无缘无故消失,无非是因一个理由,那就是她被捕了。她的朋友们追查下来，却越发觉得可疑了，丁玲的行踪向来十分隐秘，她又是那样聪明机灵的一个女子，即使她当真被谁盯上了，她也能够随机应变地逃脱而去，以往几次遇险，都是她的聪明挽救了她。

于是怀疑的目光，就落在了当时同丁玲同居的冯达身上。当时，总有人经受不住苦寒，而出卖信仰，背叛战友，为了某些不可告人的卑劣心理，他们踏着战友们的尸骨，逍遥快活地行走于人世。由于这种事情的屡见不鲜，人们对于冯达的怀疑，也是合乎常理的。于是冯达，便成了人们口中的"间谍""特务"，然而他也随之消失了，不然，他将承受的，是更为残酷严苛的惩罚。

几十年后，丁玲因为冯达这个名字，承担了更多莫须有的罪名，然而那时的上海，流传着冯达与丁玲分手后他肺结核复发而死的谣传。谣言如同那会飞的棉絮，在人们的口中飞了又飞。而对于丁玲来说，那却是一个沉重而冗长的哀伤。

实际上，冯达并没有如同谣传中的那样死在风雨飘摇的上海，而是辗转去了台湾，后来又居于纽约。他一个人安静生活着，多年后，他也不曾辩解，不曾回答，他用沉默，代替了一切。他的所为，必然的有着他坚持的理由。

他为自己的信仰而活,并非要满足那滔滔众口。

每个人心中都隐藏着一些秘密,我们应该尊重那些过往,也应该尊重那些秘密的存在。或许,他是当真做过那些事情,由于内疚羞愧而无法宣之于口;又或许他已经看淡尘世,如同深山归隐的老者,并不在意世事凡尘,扰扰浮云。然而,唯独在提及丁玲时,这位年届八十的老人容色惨淡,许久才淡淡说,他对不起冰之。

冰之,将他同历史联系在一起的那个女子。如若不是她,他或许不久之后,就会为尘世所遗忘,然而由于两人的羁绊,他们的名字紧密相连。若是有人有意对这个光明磊落的女子做些什么,他则是最好的利器,他足以抹黑这位曾为新中国付出太多太多的女子。

人生如梦,过往一切,终将成为尘世中渺渺的微尘。烟雨红尘中,他们也曾经如世上所有相爱过,又归于平凡的男女一样,平静地生活,为每日的琐事心平气和地商量。他不是她的战友,也不是她的所爱,而她也不是他最终的那个人,他们只是在那个时间,那个地点,恰巧相遇,顺便相依,相互陪伴着走过那段旅程。这也不是谁都能够拥有的缘,纵使遇上的人不是对的那个,他们也曾相濡以沫,相互安慰了那些孤冷的长夜。

信　徒

凤凰涅槃，浴火重生。每次看到这句话，我心里都有一种莫名的感动。这不是单纯源于字面的感动，而是从最深处的心里，蜿蜒出来的那一缕青烟。谁都知道，凤凰的重生，是浴火而来的，当它褪下苍老羽翼，重新蜕变成高傲的、举世无双的凤凰时，该是经历过怎样的磨难呵！遨游于九天上的凤凰，都是如此，更何况是我们人世间，寻常的人们呢！

没有人可以一辈子顺风顺水，也没有人能够一生一世都永无烦忧之日，纵使是那些衔着金汤匙出生的人们，同样要接受属于他们的命运。那些人，看似挥金如土，活得潇洒，实际上，身上更是背负着黄金枷锁，或许某一瞬间，他们更向往普通人随处可见的自由。人总要经历磨难才能成长，这就如同练功，一层一层地上去，最终臻入化境。

被捕的岁月里，丁玲身处囚笼，从一位知名女作家，变成了这座黑暗囚牢里的阶下囚。从她为组织工作开始，她便知道自己可能会有这一天，被关在牢狱中，不见天日，甚至不知生死。但她在宣誓的那一刻，便已经将生死置之度外，昂然面对任何可能发生的事情。或者，这也是一个美丽的巧合，她曾发誓走那个人走过的路，做那个人未完成的事，如今她同那时的他一样，身处囚牢，不得自由，可以与他感同身受。

她用指尖拂过湿冷的砖，感受当时他的寂寞与坚持，她抬手仰望，唯有一扇小小铁窗，透过铁窗，只有一方天空。她第一次觉得，自由何其之远，分明近在咫尺，触手可及，却被截断阻拦。或许她终其一生，也无法再享受铁窗外自由的风，又或许，她会被押上刑场，走上如也频一样的路，她只能在子弹呼啸而来的瞬间，彻底自由与解脱。

此时的她，还不知道外界因为她的失踪，已经闹得沸沸扬扬。她的朋友们，都在尽最大的力气去帮助她，希望将她安全无虞地从牢狱中带出来。文化界为了她，一再发出呼救书，甚至租界也愿意为她出头，只因她是在租界被捕，未免侵犯了列强们的尊严，不管出于什么目的，总之，当时的巡捕房被闹得天翻地覆，只能拒绝承认他们逮捕了丁玲。这令情况顿时恶劣起来，虽然众人都心知肚明,丁玲确实是被带走的,可他们却没办法拆穿谎言。甚至当胡适出面质问此事时,上海市长也断然否认。

不久,上海《大公报》刊登了一条新闻,其中说丁玲已经被枪决。这显然引起公众一片哗然,这条新闻极其恶劣,它甚至将丁玲的名誉都毁得一塌糊涂。作为一名女子,在此次事件当中,她被毁去的不只是平静的生活,更有人们极其看重的节操。谣言如同一盆污水,就这样泼向她,他们妄图将她毁灭。迫于公众压力,他们无法将她正式枪决,却可以用最卑劣的方法,糟蹋一位清白女子的名誉。

同丁玲一起被捕的还有当初主持丁玲入党仪式的潘梓年,外界,尤其是当时的组织,并没有被纷纷扰扰的谣言所迷惑,他们迅速成立营救小组,以楼适夷为组长,有效而积极地展开了各种营救活动。一位清白坚贞的女子,仿佛只是苍茫人世中的一粒尘埃,并不需要费这样大的力气、这样浩大的声势,然而他们不只是出于人道的仁义,也不只是看在丁玲死去的丈夫的份上,他们要救的就是这个人,无关其他。

飞过沧海的蝴蝶,可以感动温柔的风。而丁玲这样一位柔弱的女子,她为未来而奋斗努力过的一切,就像是滴水惊动的波澜，即使静默无声，却将涟漪泛到了深处。北大校长蔡元培先生都为之伸出了援手，而曾与他们交好的国际友人，罗兰·罗曼等人都发出了呼声。这一切，当时还被困在黑暗中的丁玲，自然是无法得知的，但当她脱离苦海之后，这些于她的恩义，便被她牢牢地记在了心上。

后来"文革"中，她背负了"叛徒"的罪名，说来可笑，这罪名的理由，不过是因为她曾经被捕，却活生生地回到人间，仅此而已。没人知道她在那时候遭遇了什么苦难，而就是这些，给她命途多舛的人生又带来了一重冰霜。有些人以为，她既然被捕，就应该大无畏地从容赴死，然而她没有，既然她活下来了，那无非是出卖了党，那她就应该接受惩罚。这个理由，是多么荒诞与可笑呵，可她却偏偏连反驳辩解的机会都没有。

当时丁玲与潘梓年被捕后，应修人为了寻找他们而来到丁玲家中，却中了敌人的圈套，中了埋伏。敌人那样多，他孤身一人，自然寡不敌众。他不愿意束手就擒，毅然从二楼的窗户翻身而下，就这样结束了自己年轻的生命。于是丁玲的罪名中，便这样质问，既然有同志当时是为了同敌人搏斗而死，为何你还活着呢？

曾几何时，连活着都成了罪过。那些人不懂，活着，是上苍所赐予的最珍贵的礼物，如若不是到了最危急的时刻，生命，始终是最沉重的。活着，不仅只是一个人在活着，而是含着无数人的寄托、希冀活着。生养之恩，岂容随意糟蹋浪费。连一草一木、一花一叶都在用尽力气，只为在这个世上多存在片刻，更何况是万物之长的人呢？

没人愿意放弃自己的生命，即使是那些为了理想而牺牲的战友们。在生命最后的片刻，他们即使慨然赴死，也眷恋人世的种种美好。仅有一次的生命，他们不是不珍惜，只是他们有太多的无奈。裴多菲说，生命诚可贵，爱情价更高，若为自由故，两者皆可抛。只有视理想重于千钧的人，才会在危急关头放弃生命。如若可以活着，又为什么要选择死呢？活着，是多么美好的一件事情，也只有活着，才能继续为理想，为未来，为国家奋斗。

岁月噬骨的毒，百花在岁月里凋零，人生在岁月里沧桑。然而，在被困的几个月里，丁玲自得其乐，她努力不让灵魂就此堕落。她相信自己的意志，足可支撑自己走过这一关，她甚至托那些狱卒买来了一些衣料，为自己缝制连衣裙。她不容许自己憔悴，环境越是不堪忍受，她就越要坚强以对。当局对丁玲,采取的是怀柔政策,只将她困住,衣食上都不亏待她,只要求她说出他们想要的东西。这种用心,实际上比严刑拷打更为可恶,他们以为消磨她的意志,他们便更可以在外头散播谣言,说丁玲已经叛变,令那些尽力营救她的朋友们放弃。他们更想软化丁玲,希望将她变成自己这一方的文人。丁玲的才华,他们亦是看在眼里的,若是贸然杀之,连他们都会觉得可惜。于是,他们便出此下策。

她有如花般娇柔的面庞,亦有一副钢铁般的灵魂。直到后来,他们才发现,这位看似娇弱的女子身上的勇气和坚韧,出乎他们的想象。冷遇和热待她都无所动容,甚至连当时江苏省委的高官前来"探视",她也不卑不亢,不曾多加理睬。虽然她是阶下囚,却始终是昂着高贵的头颅,没有折了自己的骨气,去求一夕的苟延残喘。她的血性、尊严和理想,都不容许她这样做。

关于她的消息,慢慢消失了。而国民党将她看守得极其严密,她想要传递消息出去都十分困难。于是,外头的人们渐渐死了心,当真以为她已经被秘密地枪决了,以为他们就这样失去了亲密的挚友。连鲁迅先生都在极度的失望之下写下了一首《悼丁君》:

如磐夜气压重楼，

剪柳春风道九秋。

瑶瑟凝尘清怨绝，

可怜无女耀高丘。

　　能由当时的文坛泰斗给自己写诗，自然是一桩幸事，然而这首诗在这样的情况中写下，未免就令人哭笑不得了。可诗中的哀痛惋惜，却不是作伪的，这发自先生的内心。他是当真以为丁玲已经牺牲，才提笔含泪地，写下了这首诗，其中的伤心哀婉，她读得懂，亦是感激。

　　实际上，她并未如传言中说的那样，已经不在人世。而是被辗转看押在莫干山某个隐秘的地方。时光流逝，已是深冬，风雪弥漫的山上，风雪漫漫，她心中，是一片荒芜，唯有信念，支撑着她走下去，再走下去。冯达亦是同她一起被捕的，又被故意与她关在一起，尽管丁玲已经将他视为叛徒，不愿同他待在一处，他依旧沉默地照顾她，如同往日一样，不争不辩。

　　这场牢狱生活里，她第二次当了母亲。这次，是个女孩。对于这个孩子，她有一种怜悯，这个孩子在这样的地方出生，又有那样的父亲，可是她不愿意离弃这个孩子。女人的母性是与生俱来的，好歹，这孩子也是她的亲生骨肉。窗外的风雪，依旧漫漫不停，不知何时才是晴天，而她望着镜中的自己，目光依旧坚定。

古　道

西安，一座古色古香的城。历史上的故事，已经如遥远的飞沙，太多缠绵恩怨，如烟云浮沉。无数生命，从这里开始，又从这里结束，就像永远诉说不完的传说，唱不完的歌。我们感慨昨天，而我们留下过印记的今天，又将成为后人所感慨的昨天。魂魄消散之前，再回到曾经梦萦的地方，会不会有沧海桑田的悲凉？

那个经历过太多苦难的女子，日后将来到这座千古悠悠的城，走向潋滟明媚的晨曦。

不知晓，丁玲是如何度过狱中那些岁月的，黑暗、孤独，如同在黑夜里盛开的罂粟花。自由，那真是太过奢侈的东西，梦想，仿佛也在被软禁的瞬间，从生命里悄无声息地苍白离开。她心里藏了太多的秘密与怨恨，却不知从何谈起。暗中滋长的寂寞、烦忧，她不敢说，亦是不能说。

纵使是对血脉相连的母亲说了又如何，那只会徒增母亲的烦恼罢了。在被软禁的时光里，丁玲的母亲来过两次，一次将孩子送到她身边，一次却又将孩子带回湖南。她的孩子，出生才两个月，就离开了她，可她还是能够一眼认出来。这个孩子流淌着她与也频的血，长着和也频一样明亮清澈的眼睛，望着摇篮里眉清目秀的小妹妹，咧开嘴笑了。

被幽禁的岁月里，阳光仿佛也失却了温度。她不能随意出门，不能提笔写作，她想做什么，都必须由看押她的那些人，向上级通报，然后由上级做出批准与否的批示。实际上，外界已经基本上能够断定，她还是尚在人世的，这要感激许多朋友对她的永不放弃。然而他们也无法打听到她被软禁的地点，幸而她终于得上天垂怜，她得到了一次前去北平的机会。

命运是一番风雨波折路，一程风雨后是一程晴朗的希望。机缘巧合，又一线希望出现在几乎绝望的她的眼前。即使身侧围满了监视她的特务，她还是机智地同党取得了联系。在回到上海她被软禁的园子后，她又得到了消息，组织已经安排好了一切，将接她脱离困境。这消息给予她的，并不仅仅只是风轻云淡的一句话，而是一个生的希望，一条通往新生的道路。她准备好一切，安静而焦灼地坐在园子里，即使满心喜悦，她看上去却是心如止水。她早已不是当年不谙世事的小女孩，也不是被丈夫保护得毫无烦忧的女子，时光，将过往日子里的那块璞玉，雕琢成了最好的美玉，通透而温润。

她的心中已经再无牵挂，两个孩子，在母亲的照顾下应该会无忧无虑地成长，而冯达，她对他即使还有未了的余情，也早已消散在这段困顿的时光里。临走之前，她将所有的钱都留给了他，然后安静地走出了这座幽禁了她几度寒暑的小院。自此，她从他生命中彻底消失，她也让旧时的一切，与自己的生命挥手相别。她骗过了看守她的那些人，匆匆地赶到接头的地方。

组织将她藏匿在上海一座新盖的公寓里，她还来不及感受自由的空气，便有更大的惊喜席卷而来。她先是见到了胡风，又见到了多年不见的挚友冯雪峰，两人为她介绍了这些年在文坛中崭露头角的新人们，又体贴地准备了那些人的书籍。如果说幽禁她的那座庭院如同地狱,那么这寻常无奇的小房间,便是宛如天堂。书香袅袅,散着一种沉静的气息,让她感到来自内心的安稳。

这样的日子,虽然安静,却终究是朝不保夕的。每一个未知的时光里都有发生意外的可能,他们商议之下,作出了一个令她之后的人生都因之改变的决定——将丁玲送到西安去!日子,当然是越早越好,事不宜迟,他们动作迅速地商议了路线,决定由另一位同志周文,陪同丁玲北上西安。

不久,他们就乘上了前往西安的火车。当时的火车,并不快,上海到西安,一路上走走停停,时光漫漫而慵懒,这一程路,几乎要三天时间。然而,这却是丁玲人生中,最美妙的一段旅程。她看着天色渐变,从日出到黄昏,几个朝暮轮回,如同恍如经历几番人生。她陷入了深深的思索中。

绝境中,人人都在想,希望自己可以脱离这种生活,重新开始。可有多少人,当真有这福分,能够重生?机缘如同瞬间而过的风,不再重来,抓住和抓不住,人生便瞬息改变。她是幸运的,命运之神眷顾她。她设想过千百种重生的模样,殊不知身临其境,竟是这样美好。

火车行驶在黑夜里,穿梭过墨色的幕。风声,隔着玻璃窗,奔驰而去。她莞尔而笑,想起幼时念过的那句诗,沉舟侧畔千帆过,病树前头万木春。过往来去匆匆,一切向来都如同幻梦一般,她踏着那些消散而去的云烟,前往未知的彼岸。她已经不年轻了,三十岁,那是古人说的而立之年,而她的后半生,连她自己都不晓得,会是如何光景。她心中唯有默默涌动着的欢喜,她尽力不让自己喜形于色,这样的本领,她明明练习了千万次,应是炉火纯青了,可此时,无论如何,她都抑制不住这种喜悦。

漫长的旅程终于结束,所有的思绪都沉淀下来。抵达西安之后,他们投宿于一家小旅馆。二万五千里的长征已经成为历史,而震惊中外的"西安事变",仅仅三个月后,就即将上演。未知的风云,已经潜伏在烟尘之后,它们隐隐显露,朝她无声而来,纵使此时的她还一无所知。

火车站口,已经有人在等待。茫茫人海,丁玲望见了一个熟悉的身影,潘汉年。他建议丁玲去法国,用她自身的力量,在国外帮助同志们,一同开辟另一片天地。

法国,一个浪漫的国家,而对于丁玲,那里是充满着理想。到法国去,这个念头丁玲并不陌生。很早之前,她就有过这个念头。她的母亲同向警予是莫逆之交,丁玲曾亲密地叫向警予"九姨",这位九姨,便是去了法国,同万千儿女一起,为新中国的诞生赴汤蹈火。

然而,正在丁玲犹豫的时候,转机却悄然暗生。组织上将他们安排在了一处隐秘而安全的地方,那是一家小诊所,主人来自遥远的奥地利,中文名叫作冯海伯,他对丁玲极为照顾,况且组织上也给丁玲送来了一位同伴,这位同伴年纪比丁玲小一些,于是丁玲便亲密地叫她小妹妹。白天,冯先生在外头看门诊,她们便在里头做些家务,自然,丁玲也没放下她手中的笔,她是天生为笔而生的人,从未忘记过自己手中最有力的武器。那是她的灵魂,她必将用自己手中的笔,舞出绚丽的人生传奇。

充实、踏实、简单,她的生活如同宁静的画卷般,细腻地流淌。流亡中的生活何曾有过这样的平和安详,若她只是寻常女子,理应对这样的生活满足,可她只觉得有什么迫在眉睫,她心中仿佛有什么在呼啸着想要脱笼而出。她想踏上那雄关漫漫千万里的古道,成就新一段红色人生,她以为只要她踏出第一步,往后一切便是理所当然地轻而易举,却不曾料想,来路竟还要经受艰难曲折。

意外是生命中展开的美丽的花朵,总会带给人意外的惊喜和灿烂。丁玲平静的生活中出现了两位来客,对于丁玲来说,他们来自遥远而神秘的地方,一位是五年前她在上海的旧识史沫特莱,另一位则是从党中央过来的斯诺先生,他们给丁玲带来了组织最新的消息,以及她梦想之地的一切一切。在那个丁玲终其一生都没有忘记过的夜晚里,他们喝酒,谈天,尽情燃烧灵魂。那些如迷似雾的地方,如被风吹散,被雨浇开,清晰明了地展现在丁玲面前,亦是更让丁玲确定了自己未来的方向——遥远的异国,尽管也需要她,然而生她养她的故国,更渴望她坚贞的热血。而她是那样清晰地知道,在此时的中国,上海她是回不去了,北平亦是动乱不安,唯有陕北,才能让她实现她的梦想,才能令她将她最真切血热的灵魂,妥帖安放,才能使她寻到她最真实的归属。

丁玲几乎是在一瞬间就决定了自己的去路,她放弃了法国。她是这片土地的儿女,纵使它千疮百孔,纵使它满面尘霜。她的决定感动了在场的另外几位战友,史沫特莱将她的貂皮帽子送给了丁玲,戏言在去往陕北的路上,丁玲比她更需要这顶帽子。

酒和咖啡,原来都准备了许多,此夜却被消耗殆尽,

175

此时欢笑着的他们，并不知道不久的将来，他们就将天各一方，不复相见，甚至是碧落黄泉永相隔。那位善良的冯先生，便在不久的"西安事变"中，被特务悄无声息地暗杀在了马路边。未来的一切无法预料，他们唯有握紧手中的此时，带上彼此最深切的、源于心底的祝福，决然地奔赴前程，踏上匆匆远行的路。

第五章　冰心一片在玉壶

探　寻

闻酒知佳酿,闻香识美人。幽影暗香,如同寂寂长夜里,深闺幽庭中悄然绽放的馨香兰花。我一向以为,三十岁,是女人最美的年纪,如若她过得好、过得灿烂,轻而易举便可芳华绝代。其实上苍待女人实在残忍,青春年少,从二八年华开始,三十的年纪便似乎已不再年轻。不若男子,年近四十也可璀璨。

然而三十岁的女人,到底也可以明媚动人。褪去豆蔻之年的青涩,淡化妙龄的美丽容颜,此时的女人,可以轻熟可以知性,可以安静可以淡然,谁都无法否认,三十岁的女人,一样可以秒杀青春少女无压力。此时的女人,年纪不重要,容貌不重要,唯有宁和的气质与心境,会让逐渐凋谢的容颜,绽放出另一种迷人的风姿。

踏出上海的丁玲,亦是在三十岁的年纪,她是幸运的,时光并不曾在她脸上留下太多痕迹,她垂着眼眸,便如同二八少女,含苞待放,清静而雅致。她若仰起脸,将眼睛悄然睁开,人们就会发现,其实世事已经将她变成一位成熟的女子,她眼神清澈而沧桑,美妙而忧伤,她身上承载着太多反义词,这些却能在她默然的调和下,形成一种和谐独特的气质,独树一帜,旋涡一般吸引人。苍茫人世,她如同深深的谜,穿过陕北的滚滚风沙,经过无数人的身边,无数人为她吸引,为她着迷,却很少有人,能够真正洞穿她的灵魂、她的心。

在两位好友离开之后,丁玲又重新等待了四十多天,才踏上了旅途。为此,她专门剪短了长发,发是三千烦恼丝,她以崭新面孔,简练容颜,平淡而不平凡地面对前程。那位同她一起居住在冯先生诊所里的小妹妹,出于另外一些缘故不能与她同行,于是组织上给丁玲另外派了两位同志,与她一同前行。他们坐了两天的汽车,辗转来到洛川。此时的延安,还在国民党的统治之下,于是丁玲找到了张学良的东北军,自称自己是家属,要前往延安探亲，便得到了一队人的护送。或许是因为他们都是中国人，又或许，看到这样一位柔弱的女子，任谁都会生出几许恻隐之心，不愿她孤身上路，遭遇到什么不测。

黄土高原，我们这代人，对于它的认识，或许都源自那首歌：我家住在黄土高坡，大风从坡上刮过。或许一提起黄土高原来，我们就能想起这首歌。它对于我是陌生而亲切的，粗粝的风，应该是冷厉骄傲地从高原上奔流而下，沉默而坚定的黄土地上，能酝酿最烈的美酒和最烈的灵魂，那里的男人和姑娘，无一例外，都有着黝黑的皮肤与坚贞的血性。我尝试去猜想此时，丁玲的心境。

冬天的黄土高原，冷风萧萧，丁玲坐在马上，将脸埋在衣领里，抵御寒风，然而马奔得飞快，风就更厉害地从她耳边飞过，几乎要将她的皮肉都冻裂开来。

她并不是当真不害怕。护送她的军人，都是五大三粗的汉子，唯有她身量娇小，即使她裹着厚厚的棉袍，坐在高头大马上，也能被人一眼看出是个女子。她踏上的，是全然陌生的地方。支撑她的，唯有一腔热血，一颗真挚坚定的心。再坏的事情她都已经经历过，她没什么好害怕的了。或许，她便是这样安慰着自己——抬头仰望那遥遥明月，借月光温暖自己那颗风沙里冻得麻木的心。

接应他们的红军早已苦苦等候,风沙里,枣林里,寒意萧瑟里,丁玲那颗跌跌撞撞中漂泊的心,在此刻才算是安定了下来。梦想中的终点还没有真正抵达,旅途遥远漫长,她却安静如斯。她可以慢慢地,静静地,走进那片天地。就如同明月融入苍天,珠贝融入碧海,她融入真正的归属之地。

她身下的坐骑从马换成了毛驴,他们悠悠地又走了整整八个朝暮轮回,终于到达心中的那片圣地。

他们在暮色时分抵达,遥遥望去,一片苍茫,心中顿时升腾一种神圣的敬畏。这座红色之都,只有几户人家。那些地主在逃亡时将所有的房子烧尽,只剩下几口窑洞,而党中央就在这些毫不起眼的窑洞中。她从小毛驴上翻身而下,轻轻推开门,一个全新的世界豁然出现在她的眼前。

三十岁的丁玲,有着乌黑发亮的双眸,如同男子一般的短发,她穿着这里最寻常不过的军装,有几分英姿飒爽,眉宇间有几分英气,她悄然地走进了众人的视线。她双眸清亮,目光坚定,微微浅笑着向大家问好,还带着几丝羞涩,美好得如同月色下打卷儿的荷叶。此地,本来就没多少女子,她到来的消息,在之前就引起了喧哗。她的名字,以更快的速度在这片土地传播开来。

国民党将她软禁时,并没有苛待她,反而衣食无忧地养着她。她若不坚定,想要安享荣华富贵,也并不是难事。然而,她却决然地、毫不犹豫地来了,穿越千山万水,忍受风沙。一位小小女子,有如此勇气,便也算是极致了吧。

对于这样一位女作家,中央还是极其重视的,将她的住所安排在"中华苏维埃"的外交部。这大院,是少数没有遭遇烈火的住所之一,放眼四周,算得上是这里最洋气大方的地方。在丁玲眼中,即使这房子并不算什么,然而她却感激他们这份心意。被人在乎和尊重的感觉,总是充满温暖的。

这个大院,算得上是延安最好的地方,来往于此的,要么是投奔革命的学生,要么是国内外身份尊贵的人,随着丁玲的到来,更多客人前来造访。第一位客人,是丁玲由于《北斗》的创刊而结识的张闻天,这是她的老熟人了,那时的她,还住在上海的霞飞路,跟也频一起,张闻天来向小夫妻约稿,他穿着长袍,跑得满头大汗的。后来丁玲在《解放日报》工作,便是在他的领导之下。总之,追溯起来,两人情谊不浅。

接下来的来访者们，并不是丁玲文学上的战友，却是她日日夜夜渴望相见的人。那些人，就这样温和微笑着进来，像是一场梦，但世上哪里寻得到如此真实、触手可及的梦。她揉了揉眼睛，面前的两位确实是她在耳边听过几千遍，在心里念过几千遍的人。此时的周恩来还留着大把胡子，胡子将他原本英俊的五官尽数掩盖，或许这正是他的意图，不叫人第一眼，就叹于他容貌的出色。而另一位呢，丁玲曾无数次看过他的画报剪影，此时相见，却同此前一切印象全然不同。他是叱咤风云的英雄，是挽救中华大地的伟人，她从未想过他如此平易近人。他一头浓密头发，一口湖南乡音，这令她无端地觉得亲近。她一生中最景仰两个人，一位是鲁迅先生，另一位便是面前的毛主席，她此生夙愿，几乎都在今日实现了。她深深吸了一口气，竭力不让自己落下泪来。风尘仆仆的千里之行，她没叫过一声苦，此时梦想成真，她却只觉得如梦如幻，不敢信，又不敢不信。她在心中默默告慰：也频，我终于见到他们了，我终于来到这里了，如你魂魄可知，定然要为我欢喜，定然要佑我前程无忧。你的梦想，我的梦想，于我一身，我倾一生，都会去竭力追寻，我现在的模样，延安的模样,你看到了吗?

来到这里的头三天,为了表示对丁玲的欢迎,外交部特意吩咐下去,吃了三天的好饭。其实那也不算什么好饭,只是不吃粗粮,都是白米饭,或许还能掺上一些肉。对于这里的人们而言,那却是一顿美食。后来她到周恩来家作客,吃的是牛油馒头,那亦是这里最好的饭食。中宣部在一个大窑洞中为丁玲开了一个盛大的欢迎会,她作过许多演讲,从不怯场。但那时面对的是年轻的学生们,跟她一样奋斗在遥远的路途上的战友们,而此时在她面前的却是她曾经心心念念希望与之一见的领导们,甚至毛主席都来了,他从百忙中抽空,他对她的重视,实在可见一斑。尽管与会人员,不过二十余人,然而这些人,无一不是中华大地上的英杰,于是丁玲惶然起来,而她说的全部话,都是肺腑之言,她将心中的一腔热血,尽数倾泻。

她站在黄土高原的窑洞中,如同远行回家的儿女。她说自己被囚禁的生活,说自己这么多年来寻寻觅觅的苦苦追寻,她将自己积累在心中多年的话,都倾泻了出来。她是离家千万里的游子,在这里,她终于找到了自己的家园。

相　会

　　丁玲已经凄苦了半生,她心里,因为有可以为之奋斗的梦想,所以沧桑人世虽带走了她的青春,可她依旧神采奕奕。心怀梦想的人,永远都不会老,他们的梦想就是他们的青春,梦在,青春永驻。身在延安的丁玲,更是焕发出了她的第二春,来到延安仅仅一周,她就参加了"文艺座谈会"。延安,随着她的到来,更是人才济济,这里有戏剧骨干成仿吾,艺术家李伯钊等人,加上丁玲,便有人戏言,此乃众木成林。毛主席曾笑问丁玲,她来延安想做什么。她毫不犹豫地回答,她只是想来当红军。这回答,直截了当,却饱含一片赤诚。她从未有过别的目的,她若求的是富贵荣华,这里必然不是个好选择,她若求功成名就,这里也不是一个好地方,这里条件艰苦,她甚至没有一个安逸的创作环境。她不过有一片无瑕之心,她毫无杂念,犹如专注天真的孩子,眼里看不到任何其他东西。

　　红军里,一直都不缺乏女兵的存在。朱德的夫人康克清,贺龙的妹妹贺英,都是红军中出了名的红娘子,她们英姿飒爽，枪法精准，便是当世的花木兰与梁红玉。而红军中的知名作家，并不少见。这里缺少的是一位知名度高的女作家，丁玲的到来，恰好弥补了这个缺憾。于是当丁玲要求上前线的消息传出来时，整个西北都为之一震。

丁玲亲自向主席提出这个要求。主席的原配妻子杨开慧，是丁玲在师范学校时的同学，当时两个小女生亦是极为要好，杨开慧牺牲后，她的三个孩子也不知所踪。主席对第一位妻子的感情，是格外深的，对于她的同学，亦有种睹物思人的情怀，便时常多给予丁玲照顾。他是将丁玲当成自己的小妹妹看待的，说话间，并没有上级对下级的威严。对于她的这个请求，主席自然一口应允，让她跟着杨尚昆北上参加战役。这一次北上，她的心境与之前截然不同。路还是从前的路，通向的却是不同的未来。

出发前，出于对女兵的优待和对女作家的尊重，组织特意给丁玲配了一匹马，还跟着了一个红小鬼。跟着丁玲的红小鬼，在丁玲眼中，比她的儿子年长不了多少，在她看来就好像是自己的另一个孩子。然而在他自己眼中，他早早就参加了红军，跟着走南闯北，他早熟地将自己当成了大人，甚至还要来照顾丁玲。她牵着马，这里条件这样差，便是上马也走不了。她穿过漫无边际的草地，无声地跟随在大队伍中，不免忆起曾经北上的情景。

她曾无数次穿梭在南北之间，南国的春风细雨，北国的秋风冷雨，她那么多次孤身一人，踏上南来北往的火车。天大地大，她以为自己已经见多识广，南国的山，北国的水，她曾留恋，却不曾流连，而此刻草野漫漫，河流从其间无声蜿蜒，深冬寒意重重，河面上结了厚厚的冰。这里的风景，没有她记忆中江南的旖旎，北国的雄壮却自有一股豪放粗犷。

冰面下水声汩汩，听得人们心惶惶，唯恐下一刻便冰裂落入水中。白日日头极盛，射向厚冰，折出重重的雪白光芒，几乎教人眼睛都无法睁开，还好入了夜，月色迷蒙。草色渐无，裸露的黄土地赫然而来，如同中华大地粗粝又坚定的灵魂。这里没有树木，没有村庄，只有黄褐色的土地沉默地延展着。她被这种无声的坚韧感动，第一次，她是如此深切地感到，自己是真正属于这个地方的，她的脉搏，随之跳动，她的血液，亦是随之流淌，她的生命和灵魂，都是与之同在的。

不知道过了多久，他们终于抵达有村庄的地方。天地一线的交界，村庄的矮墙和泥房已隐约可见，人们欢呼起来,他们已经看厌了一成不变的风景,疲倦了不知疲倦的旅程,他们极度渴望短暂的歇息。丁玲亦是微微笑了起来,不是为自己暂时缓解的疲劳,而是为人们雀跃的小小欢喜,她看着他们欢喜,自己也有说不出的快活。

麦草堆旁,燃着火光,火光忽而跳跃,忽而沉静。已经有人沉沉入睡,不知是否入了好梦。她坐在火堆旁,借着暖意与轻微光亮,她拿出纸笔,想将一路上的见闻付之纸笔。她总有这样的习惯,随身带着笔,也随时随地记下一些见闻,灵感是若有若无、时断时续的。

战友们在火堆旁谈论时事,他们谈起最近的"西安事变",谈到张学良和杨虎城,以及被抓起来的蒋介石。她静静听着,面带微笑。她离开西安那座城市还没三个月,她在那里的时候,还是风平浪静的,谁知道那样的安静下,那座古城,正酝酿着一场足以改变历史的风暴呢。原先的丁玲,最初的计划只是想要亲眼见识战争场面,她深深信奉艺术源于现实,她不是闭门造车的文字工作者,而是一位想要亲身经历,而后将其提炼的作家。战火连天,烽烟万里,她听过想象过,却还从未真正见识过,她怕自己无法勾勒出那种真正的血火交融。文字和真实,终究有所距离,她想要的,是努力将这种距离,虚化成无。

此行,足以令她满载而归。战争的旅程,并非每个人都能经历,而她一路所见所闻,是可以令她受益终生的。战地画卷,她觉得许多苦难也可滋生出温暖,见证成长,马蹄的嗒嗒声,不催生江南的莲花,却催发了西北的春风。睿智伟大的主席亲自给她写了战报来,既是向部队中的所有人报喜,亦是将她夸赞。他以他的才情文墨,将她永远都留在了诗词中。

　　诗词中的女子,大多婉约清秀,弱柳扶风,娇花照水的温柔淡雅,然而主席笔下的她,却有别于所有柔弱温情的角色——不曾哀怨,不曾回眸,不曾感叹寂寞无人知。他赞叹她是昨日文小姐,今日武将军。对于一位女子,能够得到这样一位伟人的评价,当真是死而无憾。刚来到队伍中的丁玲,实际上还是有几分女子的娇柔的,而主席此时给她的评价,却令她更加坚定起来,她发誓要使自己融入这片土地。她要在这片土地上散发自己的光和热。

　　丁玲是这部队里一道美丽的风景,她如同一朵逆风的蔷薇,在一遭遭风雨洗礼后越发耀眼。作为部队中少数几位女子之一,加上主席的重视,领队的将军彭德怀,对丁玲亦是格外照顾一些,他有时甚至将自己的军大衣送给她御寒。于是流言蜚语就这样起来了，将军不曾婚娶，而丁玲此时也还是自由之身，英雄美人，总是要引起无数流言。他们却都是心怀坦荡之人，彼此并未产生什么男女之情，若说真有，不过是几许淡然的亲情。

她的笔，更频繁地动了起来。身边的红小鬼，带领部队的彭德怀将军，都成为她笔下的人物。她本来就是冰雪聪慧的女子，此前人生中的经历，更是令她与众不同。此行并不浪漫，没有雨雾朦胧的清雅，没有风花雪月的漫步，唯有勇敢的将士们三三两两地在草地丛林中出没。此情此景，无比深刻地吸引着她去探寻，去追求。

相　知

在很长一段时间里，丁玲都没有离开过延安。在居住在陕北深窑的日子里，她被任命为中央警卫团政治处副主任，后来她又担任了"红军历史征编委员会"的委员，精心选编《长征记》。

此时的丁玲能将自身的才华，运用到自己喜欢的事情上，是何其幸运。

如若那件足以震惊整个世界的事情不曾发生，或许，丁玲还在这个偏远古城的某口窑洞里，奋笔不辍，孜孜不倦。然而，那件事，改变了无数人的命运，也改变了世界原本运行的轨道。

　　那个原本平凡无奇的月夜，那座古老的石桥，那条静静流淌着的河流，成了历史上，永远无法抹杀的存在。没人会遗忘它们，所有的中国人，都将深记 1937 年那个七月的夜晚。

　　持续八年的抗日战争，从那个血腥的夜晚正式拉开帷幕，自那之后，千千万万的英雄前赴后继。远在延安的人们，也即刻知道了消息。这座小小的古城，每个角落都如同沸水滚开，无数请战书通过各种渠道，被递交到了主席的书桌，抗大的学员都提前毕了业，他们要求上前线去尽自己一份力，纵使那力微小，也可以千沙聚塔、滴水成海。

　　此时，丁玲却微微恍惚了。她的血液，并不是不沸腾，她的灵魂，并不是不颤抖。可是，她要怎样做，才能做得更好，才能对这个国家更有贡献？她究竟要怎样，才能让自己的力量，得到最大程度的发挥？在这个十万火急的关头，她决不能，因为自己的一时犹豫，将自己封存在安全而平静的后方。

　　她迅速行动起来。她征召了六七位同志,组成了一个"战地记者团"。她深知留守后方的那些人迫切渴望了解前线战况的心情,也深知灵通的讯息对于整个战局的重要性。她不如那些身经百战的女兵,枪法神准,英姿丰饶,她唯有一支笔,以风行的姿态,传递瞬息发生的讯息。这并不需要太多的人力,也无需过多的物资,他们随军而行,像每个士兵一样,经过他们经过的地方,经历他们每一次的枪林弹雨,捕捉每个瞬间。

　　这个小小的记者团,顿时得到了许多战友的大力支持。它是许多战士们的新希望。

　　有些战士,出于某些原因,不能满足上前线的条件,沮丧之余,却忽然发现了还有另外一种方式可以奔赴前线,尽管不能亲手杀敌,却也能亲眼目睹战争实况,尽一份力量,想来也是两全其美。

　　记者团发展势头超出了丁玲的想象。丁玲原本不想要太多的人,然而越来越多的人报名参加,甚至还有人提出要增加戏剧歌舞等形式。这种情况,实在是出乎她的意料。于是,他们这个记者团的出发,比第一批上前线的人员,足足迟了一周。

生命是风雨阳光交替的旅程，这一程风雨叠加，那一程阳光盈盈，没有人的好运气可以持续一生，也没有延续一辈子的厄运。而此刻，横贯在丁玲面前的，是一条波涛汹涌的河流，是一条真正怒吼着的河。

昨夜天漏雨深，原本平静无波的延河，一夜之间呼啸奔涌，水线瞬息间上扬了数米。跟着丁玲的红小鬼杨伍成牵着马，一头扎进汹涌的河流，而马上坐着的，正是这个记者团的核心丁玲。水深流急，她几乎还没见识过这样湍急的河流，这样暴涨的水势，在她的印象里，水是温柔的。她遥遥回忆起故乡的湘水，那条宁静平缓的长河，容许孩子们随意在它的怀抱中嬉戏耍闹，容许娇憨活泼的村妇肆意地在自己的岸边打嘴仗，容许船行其上来来往往。它像是一个睿智的老者，平静沉默，却看透了红尘纷繁，人世沧桑。可是眼下这条河流，湍急的水流漫了过来，几乎淹没了她的脖颈，令她呼吸都渐渐艰难起来。她意识逐渐模糊的那一刻，她想，自己好不容易才走到了这里，自己怎么能够，就这样撒手放弃，她强迫自己睁开眼睛——忽然有人拉住她，破水而出。新鲜的空气流入咽喉，她大口大口地呼吸，回首时，那条河，还是方才那样惊涛骇浪，在她身后的人们，都已经逐渐上岸。蓦然，浑身湿透的女子浅笑起来，灼灼如若三月桃花，她明白，自己又度过了一个坎，人生就是由无数的惊涛骇浪组成，每穿行过一个，心底就有什么破土而出，再一次成熟起来。而她，此时此刻，穿过了这条河流，又要走向新一轮的征程。

未久，主席给她的小小团队指了方向。他笑着告诉她，她这份工作极好，可以将党的政策宣传开来，而这种宣传，得是大众化的，群众喜闻乐见的。他望着这位年轻的女作家，望着她忽而迷惘、忽而又豁然开朗的神态，她是那样直接明朗，于是他也跟着微微笑了起来。

在当时很多人的眼中，这位站在最高位置的伟人，对于这位坚定活泼的女作家，总有种莫名的垂爱。他们都来自湖南，都讲着一口充满乡音的普通话，这又是一个亲近的理由，他对待她，就像是对待自己最小的妹妹，或是自己膝下头一个女儿。他对她的态度，温暖而不过于亲密，这令她，时常有种宾至如归的感觉。这个家，使她内心安静而和平，这个家给予了她温暖与希望。

激励，是一束光，会给人注满力量。由于主席的激励，这位经历血的洗礼的女作家开始了自己的第一次剧本创作。剧本，对于写惯了小说的她来说，是陌生的，不过它们都是以文字为契机的,还有那深藏在文字中的情感。她想了又想,终于决定将处女作的名字定为《重逢》。重逢里,定是有别离的故事,重逢,是离愁后望见的希望之光。她在《重逢》中倾注了无限情感。

有时,主席抽了空,也无声无息地来到剧团看戏。他的生活每个时刻都是风云变幻,站在平地上的人们,或许终其一生都无法理解那些站在高处的人们心里的疲惫。他们也需要偶尔的放松,纵使只是片刻欢愉,用以缓解高度紧绷的神经。

剧团里人少,她除了完成领导工作之外,有时也需要亲自上场,扮演其中一个角色,忘记自己,走进另一种人生,那是一种美妙的体验。她是有过演戏的经验的,当年大上海的灯灼伤了她的自信,令她对演戏几乎再也提不起兴趣来,然而在这个朴实真诚的环境里,她如鱼得水。在简陋的舞台上,她操着流畅的台词,演绎着幻灭无常的人生。显然,每个人都有适合和不适合自己的东西,就算有着再好的适应能力,也存在无法融入某一环境的时刻。说起来仿佛很玄妙,但人生,当真有气场相合的说法,合则聚,不合则散,寻常至极。

诚然,这方舞台里的丁玲,便是最好的演员。

重　逢

　　木兰十三年从军的风采，红玉阵前铿锵击鼓的绝色，那些战火里浅笑盈盈的红颜，似乎隐匿在野史里暗自活色生香，仿佛遥不可及，实际上却近在咫尺。

　　我以为，丁玲就是这样一个血液里都充满了侠气的女子，所以她很少作小女儿娇态，很少以自己的女儿身份向谁撒娇，即使是当年相知相许的丈夫，他们亦是以一种相互扶持的姿态，平等而温暖。因而，当她成为"西战团"的一员随军而行时，周围的人们，几乎都忘却了这位柔韧坚强的战士，实际上是女儿身。

　　女儿身，钢铁心。她用灵魂引领更多同志前进。她像一面鲜艳的旗帜，在硝烟弥漫的战地里，迎风飘扬。

　　"西战团"的全名是西北战地服务团，这是一支文化团队，主要负责宣传。他们没有枪支炮弹，唯有歌声与笔墨，这些，就是他们的武器，是他们刺向敌人心脏最尖锐的刀剑。而此时的丁玲，就是"西战团"的骨干人物。这个团队是特殊的，在"团"之下，他们不叫"科"也不叫"部"，而是叫"股"。丁玲担任的是"西战团"的宣传委员,而她后来的丈夫陈明则是宣传股长,正是因为共同从事这项工作,两人有了相处的契机,才有了后来的相知相许。而此时,两人还想不到他们日后竟会有深深的缘分。

这是队伍里最小的一支团队,全团上下不过三十余人,加上分配过来的一匹马。队伍虽小,气势却不弱。行军时,团旗高高飘扬在最前头,人牵着马,倒也有种浩浩荡荡的气势。声势浩大并不在于人多人少,更多的则是人心当中的士气,所谓一鼓作气,再而衰,三而竭,士气这种东西,对于行军打战而言,是必不可少的。

丁玲走在这支队伍中间,兴致勃勃,气势昂扬,她觉得自己真正成了一名战士。他们就这样离开了延安,当初她千里迢迢地奔赴而来,如今就这样告别它,不舍的滋味从她心中流淌而出,分别总是太匆匆,匆忙得连惆怅都变得奢侈。经年累月后回忆起这场落满尘埃的离别,她在怅然之外,唇角依旧微微上扬。

没有离别的悲伤,何来相聚的欢喜。她经历过太多的分别,太清楚地知道,过往终究是过往,更重要的来路还在前方。他们沿着延河一路而下,又强渡黄河而过,风霜满面,风尘仆仆。战途中的日子,无人顾得上仪容外貌,行军的姿态,便是这世上最端庄肃穆的姿态,圣洁而令人敬仰。他们一路走过,全凭着双腿,就是军中的高官,也同他们同甘共苦,没人例外,他们从风雨泥泞中走出来,又神采奕奕地面向光辉前路。

走了一路,这个小小战团的痕迹就留了一路,歌声留在每个沉静皎洁的月夜里,话语留在每一堵可以泼墨的墙壁上,他们朗朗而起的口号,亦是留在沿途千万人民的心中。这是一种何等的辉煌?有时候,刀剑伤不了的人心,会被某些话语感化,那些柔声细语,如三月细雨,轻柔地潜入人心,生根发芽,深深扎根下来。

走了一路,丁玲就成长了一路。那些通俗而深刻的歌声,唱进的不只是百姓的心底,亦是她的心里;那些简浅而明了的画卷,不仅在人们心中留下颜色,也在她心里搭了一座桥。她比以往更深刻地明白了"大众化"这三个字的含义,而以往的她,确实不明白。

争论像烟雾迷瘴,让文坛一时难得宁静,关于"大众化"和"人性化"的论争,不止是在中国,纵使是在整个世界的文坛上都不曾停歇过。二十世纪三十年代的中国,就曾经爆发过这样一场论争。有人坚持,属于大众的才是文化的,而有人则肯定,文化是有阶级性的。最后还是鲁迅先生站出来，作了总结，才让这场论争告一段落。其实不管怎样的文化，以怎样的形式，都有其存在的理由。或许那些温润清高的文字，能贴近某些人孤寂的心灵，像是泥融三月的春燕，飞进专属的屋檐，那些文字，是美丽的骄傲的，姿态看似温和，实则倨傲地拒绝了其他人的进入。

而大众化的文化，则是在一开始，就以一种平和的姿态，温柔亲切地接近最寻常的那些人，或许他们并不知道什么是压迫，什么是反抗，它就用最平常最通俗的方式，循循善诱深入浅出地，告诉他们那些真理，唤醒他们的灵魂。

丁玲曾经选择的是前一条道路，或许，作为一名女作家，无论如何，心底都会有种莫名的清高，这并不代表她是倨傲冷淡的，那只是带点孤芳自赏的骄傲。她的梦珂和莎菲，或许在文人心中更加深入人心，然而她后来的陆萍们，却一定比前者具有更广阔的天地。她放弃过往的风花雪月，放弃那些对月长叹、对花照影的自怨自怜，向人民敞开心胸，必然也会有更多的人，用真诚的心去欢迎她。

田野里的花草发出了新芽，春风再一次吹醒这片天地，山和水都再度轻盈快活地旋转起来，陕北、山西的羊肠小道上,曾经走过多少人,曾经发生过多少事,如今都已随风而去。正如年年岁岁花复开,年年岁岁花不同。穿着戎装的女战士走在这些曲折狭窄的小路上,风吹动她额前被汗濡湿的碎发,也吹动了她唇畔淡淡的笑意。

他们终于走进山西境内。这片异常安静的天地,似乎也因为他们的到来,悄然沸腾开来。这里是军阀阎锡山独占的地方,他拒绝蒋介石对山西的统领,也厌恶恐惧共产党的到来,他虽然也随大流地说要抗日,但是当日本人经过山西时,他却缩在深楼里,不声不响,任由日军横行而过。

山西临汾,自古以来就盛产美酒。一醉解千愁,今朝有酒今朝醉,这些千年来的信条,此时却似乎毫不管用。这里有不少烈酒,却依旧萦绕着浓烈的哀愁。此愁不解,便无人快活。临汾的县长亲自出面,代表县里欢迎他们的到来,然而这位面相老实的中年人,纵使是在美酒佳肴的席面上,眉宇间依旧愁意不去。

他是听说过丁玲的名字的,知道这位女作家如今在红军中随军,于是他便专门请了她去家中做客,并且将妻子和女儿都唤出来作陪。对于他的盛情美意,丁玲大大方方地随之而往,并不羞涩拘泥。席间,丁玲与之长谈,听出了他愁意的源头——他从未将希望寄托在阎锡山身上，他总预感山西即将沦陷，身为一方父母官，他竟然除了发愁之外，毫无办法。

愁能如何呢？除却增添两鬓白发，除却令身侧的至亲同愁，除却令眼中所有景物都蒙上一层灰白颜色。她微笑着，尽量去宽慰这位可怜人，关于未来的日子，谁能预料？无人是神，能够清楚预知未来的每一条脉络，但若心在希望在，便不愁前路难行。两三日后她离开这座古城，回头遥遥望了一眼，雾色里的古城，格外迷蒙美好，对于它未卜的命运，她也无能为力，她只能暗自祈祷它福泽深厚。然而，三月间消息传来，那位县长的话成了真，临汾果然失守，他也下落不明，不知是生是死。

前路漫漫，她依旧要前行，纵使她也不知晓，命运究竟要将自己带往何方。但她身侧，还有这么多朋友与她相依相伴，那么即使前面是幽冥地狱，她也不觉得十分可怕。他们一同登上了火车，一路北上，火车声永远是一成不变的轰隆声，风景却又是不一样的风景，歌声也是不一样的歌声，目的地是前方的曙光，人们不晓得还要多久才能抵达，信念却是清晰的，那就是——不管多久，他们都会抵达那里，那个天堂。

相　许

那个乱世,那个年轻的女作家,见过太多离乱血泪,她的心逐渐坚强,只有她自己知道,她心底到底还有一处是柔软的,不经意间,那里就会被触动,直至她落泪纷纷。他们从临汾一路北上,在太原停了下来,周恩来就在太原城里,此时他担任的是中央军委副主席一职,他身负重任,包围太原城的一战,是他肩头重负。他们是怀着一腔热血走进太原城的,却不曾想,迎接他们的竟然是从天而降的炮火。

当时的惨况,几乎无法用语言诉说。日军已经突破防守前线。炮火纷纷落下,警报长鸣,离散的人们相互叫喊,寻找着失散的亲人们。对于这样一种情形,丁玲是多么想捂住眼睛,永远不看。可是不看不见,难道就能够改变一切?她曾经见过大上海的繁华人世,也经历过北平略带凋零的平静人生,然而战火里的哀号惨呼,令她忍不住就默然流泪。太惨了,实在是太惨了。她以为也频死后,她已经足够坚强、足够勇敢,足以承受这个乱世所能带来的一切悲伤,但事实上,她还是高估了自己。

她怨恨这不公的一切,然而越多的怨念,却没有令她自暴自弃,反而使她越发成长为一位成熟的战士,她发誓,要用尽手中的一切武器,捍卫她的家国。她站了出来,以柔弱的女儿之躯,奔走在众人之间,尽情宣传与讲演。如果说她过去的演讲是一场毫无距离的倾谈,那么她现在的演说更像是一场伟大的战役。

　　这里的人,身处偏远地方,还从未见过这样的女子,她穿着从日军手里缴获来的军大衣,穿着草鞋,绑着绑腿,俨然就是一位英姿飒爽的女兵。这样一位女兵朝着台前一站,就滔滔不绝地开始了她的演讲,她讲一路上日军残暴的行为,讲如今抗战的情形,讲他们那个团队的任务。她口齿伶俐,流畅又清亮地发表她的演讲,这些演讲的对象跟她从前的有所不同,所以她尽量口语化通俗化。到了最后,她才自报家门,众人这才知道,原来这个看上去不起眼的小小女兵,就是那位闻名遐迩的丁玲。

　　名望像水波,在人们的口口相传中荡漾开来,随着时日渐移,丁玲这个名字,越来越多地被人们提到,她也成了当时炙手可热的新闻人物,想要采访她的报社纷至沓来,忙得她焦头烂额。纵使她已经分身乏术,然而组织上交代下来的任务,还是被她放在了首位。不久后,她偕同

"西战团"的战友，一同前往拜访山西实际上的掌权者阎锡山。这场拜访，他们是身负重任的。她将要面对的是一个未曾谋面的人和一种未知的态度。她心中微微地紧张，也充满着迷惑。

他们落落大方地走进了那所富丽堂皇的房子，被引入一间雕栏玉砌的花厅。她用一双灵气逼人的眼睛，毫无畏惧地审视着这里，包括端坐在长沙发上的阎锡山。这位军阀，除却说些"欢迎""辛苦了"之类的话，几乎就对他们不置一词。他这样漠然以对的态度，实在教人头疼。他们也看出了阎锡山根本就没有诚意要与他们交谈，一切不过是敷衍而已。最后，阎锡山干脆就拉出了所谓的省府主席赵戴文当挡箭牌。

一次平静的会面，却是一场看不见的较量。那位赵主席，表面上客气热情，将他们带到书房，热情招待，可对于他们提出来的问题却含糊应付，如同一只老狐狸一样从不露真容。他们是带着使命来的，此时此刻，却当真束手无策了。这里分明处处都是烟雾炮火。这次的无功而返，让她心中一阵沉重。

丁玲的愿望很简单，她只想尽自己一份绵薄的力量，求心安，也求天下安。为国奉献能给予她极大的幸福和满足感。

　　此时,周恩来副主席,考虑到太原城有可能会失守,他给各路人马下达了指令,其中给丁玲的命令是让她带着能走路的残兵一路向东走,寻找刘伯承的部队。这是需要立即行动的命令,她迅速行动起来。人人心里,分明都是惆怅万千,没人知道自己下个瞬间会在哪里,是生是死,然而没人将这种恐惧宣之于口,他们高声歌唱,用歌声驱散忧愁,梳理疲乏的灵魂。

　　时间宛如流水,昨日方才告别的冬季,今日又近在咫尺。人们前一秒还在竭力挽留的春日,此刻却如同落花长河东流去。春天,春天,那泥融花开的春天,应该就在不远的前方了。然而,冬日的深寒,悄无声息地侵袭而来,她呵了呵手,从身体里散发出来的暖意微微驱散了寒冷,可就在下一瞬间,冰冷的寒意,重新将她冻得麻木。

　　她微微闭上眼睛,瞬间又睁开,她不能够让自己倒下,周副主席将这重要的使命交给她,她不能辜负这种信任。上次阎锡山的任务,她已经失败了,那么这次带领同志们归队的重任,她决不能,决不能再失败了。

　　信任,是多么奇妙的两个字。能无条件地相信一个人,能无条件地让一个人相信自己,都需要勇气。这个世界上，没有没由来的爱，也没有没缘由的信任。信，始终是几千年来中华大地上，人们恪守的礼仪道德，也是人与人交往时，最堪称可贵的事物。

为了不辜负这份信任，任何风霜，她都要承担下来；任何荆棘，她都要走在前头踏平。事实也确实如此，她曾经立誓要为革命奉献一切，如今的她，正踏在这条曾经的誓言之路，风雪漫漫，她不曾退缩。

她甚至在这样漫长艰辛的征程里，做出过一件连男子都足以愧色的事情。他们行军的路上，有国民党派了人来挑衅，故意说他们暗杀了他们的连长。莫须有的罪名何其之多，随意捏造一个就足以杀人。死亡的气息时刻紧逼，一步不慎，则会深陷危机。

山雨欲来风满楼，形势日益严峻，各种的猜测如天空中的阴云，越积越厚，压得人几欲窒息。在这危急关头，身为领导的丁玲挺身而出，她语声铿锵，绝不承认这凭空捏造的罪名。身着戎装的女子容色冰冷，如同雪山上专司正义的女神。她机智地要求对方与她当面对质。原本就心怀鬼胎的人，伪装出的自信，在坚定执着的人与真相面前，总归不堪一击。那些嚣张的气焰，建筑于谎言的基础之上，谎言被丁玲冷冷拆穿，最后也只能消失在西北的风烟里。

　　人世沧桑，物是人非。她重新来到西安，她离开这座古城才没多久，而当初曾热情招待她的那位医生，已经踏上了遥远的黄泉路，他他日音容犹在眼前，然而，今时却是命赴黄泉，只留一身白骨在人间。弹指芳华即过，生命如此短暂，跟西安的古老城墙相比，人生不过如一蜉蝣，朝生夕死。她想，既然自己走上了这条路，那从她踏出第一步开始，死亡的阴影便已经盘踞在她的上方，她若生能如夏花绚烂，那死去，又有什么可怕的呢？

第六章　莫愁前路无知己

沉　香

丁玲再度踏入这座千年的古都，这座曾出现无数追寻永生的帝王的古城，她的心绪，如同一口无波的古井，忽然因为一场淅沥的春雨，悄然沸腾开来。春燕归来，春芽渐生，她脚底踏着千年的古道，弥漫入鼻的也是千年的春风，这座辉煌灿烂的老城，似乎正在渐渐褪去沉重晦涩的外衣，着上朴素却温柔的新衣。

就像是这个古老的国家，沉睡了太久，总归要用崭新形象，忽然就将整个世界，震惊。

身在西安的丁玲，迫不及待地开始了她的战斗。她领导着她的"西战团"，走到街上，走到人流深处，走到最接近人心的地方,他们在墙上挥毫泼墨,在舞台上尽情演绎。

时日渐远,原本顺利的事情开始困难重重。他们在墙上落下的宣传标语,每一字每一句都或被泼上污水,或被抹去,他们在街头上的演出,也遭到了暗中的刁难,甚至有些公开的杂志上,也明目张胆地说,某些应该留在战场上的团体,却在西安迟迟不动。丁玲并不是不知道敌人来自何方,也不是不知道他们怀着怎样的目的,更不是愿意待在这个地方忍受这样的侮辱。一走了之最是容易不过,然而却会令那些暗地里蠢蠢欲动的敌人,觉得他们软弱可欺。敌人想要将他们默不作声地赶走,看着他们落荒而逃,他们就偏偏要留下来,跟敌人抗衡到底。她是坚强的红玫瑰,她必然要坚定地同敌人奋战到底,迎风雨,傲风霜。

坎坷人生路,却磨炼了她坚强的意志。丁玲从头到尾,都是一个硬气的女子。更何况,此时组织的指示又如同及时雨一样传来,告诉他们必须留下,要同敌人"针锋相对,摩而不裂",这仿佛是一剂强心针,令他略微低迷的士气瞬间高涨起来。

针锋相对,很容易,处处同那些敌人对着干便是。可是后面四个字,却如重重山岚,迷蒙浑远。现在明面上是国共合作，实际上虽然也确实如此，可是这样的局面，究竟会持续到什么时候，谁也无从得知。每一个明天，都是神秘的未知。整个世界都在观望着这个国家，未来走势究竟如何，他们猜测不到，然而此刻表面上的和平共处，却是不得不维持的。

这是一场拉锯战，不见硝烟，却更加紧张，双方都在试探彼此可以容忍的最后一根弦，究竟会是谁，不堪忍受而主动出击，后世的我们心里明了，当时的丁玲只知道，她可以做一些谨小慎微的反击，却不能撕破双方颜面，然而如何践行，却是个令她烦恼了许久的问题。这个问题的解决，她还要感激自己的老友宣侠父的到来。"柳暗花明又一村"，任何困境面前都无需沮丧，绝境之巅即是希望。

答案忽然解开，有如瞬息划过的灵感，流星一样扑面而来，万花缭乱里要抓住那么轻薄淡缈的一缕，需要的不仅是厚积薄发的累积，更多时候，是一种机缘。这位丁玲自上海"一品香"结识的老友，便是丁玲此时的机缘。他是隐藏在国军中多年的人物，穿着国军整齐的军服。他此时的身份是八路军西安高级参议，一得知她来到西安，他便来到她的住地探访。对于国民党内部的派系纠葛，他比初来乍到的丁玲要清楚得多,在丁玲向他倾诉近来的烦恼之后,他再三思索,便建议丁玲前去拜访蒋鼎文。

人生纷繁事,情理只在得失之间。在国军中潜伏了这么多年,宣侠父比丁玲更深知,在这个黑暗的浊世里,要争取公开的合法活动,就必须同那些当权者打交道。且不说中国这个悠悠长久的人情社会,纵使是从整个世界而言,也必须如此。人心既然生在左侧,便必然会有偏向。丁玲对于这种活动早已厌恶透顶,她不是没接触过这种生活,在南京的时候,她为了某些原因,也不得不这样做。而也频被捕后,为了救他出狱,她也是这样四处奔走。可曾经她这样做过,却并不代表她愿意继续为之,唯有为了这个国家,这条旅途,痛定思痛,她才咬着牙,迎难而上。

凡事的种种,都如需从污泥里生出的白莲,都要经历那么一段黑暗时光,唯有怀着那样一颗坚贞纯洁的心,才能从黑暗里脱颖而出,脱胎换骨地重生。没有根基的白,是阳光下的白雪,终究会化成连绵春水,而扎根于泥中的莲,纵使零落,纵使凋谢,生命的最后芳华谢尽,也留下了一场美丽传说和甜蜜果实。

丁玲所要拜访的蒋鼎文是一介武夫,她后来的笔录中也曾说，此人并没什么真才实学，对于接见她这样一位声名在外的作家却很有兴趣。那时蒋鼎文是国民党西北行营的主任，西北军中的大小事情，都在他一手掌握之中。丁玲此行的目的是希望蒋鼎文能够捐款给她的"西战团"，数目不在多少，无非是要一个正大光明的名头，要他承认"西战团"的合法地位，如此，那些暗中不轨的人们，也就无法将他们从西安赶走。

这场没有硝烟的战争，她似乎是胜利了。但是她连自己是怎么胜利的都回忆不起来，就连回忆录中她对于这件事情，也是说记不得自己当时到底说了什么，而对方又是怎么回答她的。最后蒋鼎文便给了丁玲一张两百元的支票，当时"西战团"确实经济困难，然而还不至于看重这两百元，那张薄薄的纸，却成为了他们的"护身符"，保护他们在西安一路畅通无阻。她的心中流动着一份暖融融的感动。

茫茫人生岁月，丁玲经历了各种命运的动荡，这虽是一件小事，却值得深深纪念。那一年，那一天，门被轻轻推开，有人低声通报：丁玲来了。那位手握西北生杀大权的蒋先生从书案抬起头来，映入眼帘的就是这样一位寻常而非凡的女子，她没有十里洋场的靓丽，西北的风沙使她褪去了她身上原本风流飘逸的清丽,她仿佛就是木石青藤上最平常的一朵黄花,温暖而平凡,却不容忽视。

当真有一种可能,就属于这样的人,看似无爱无憎,然而对于心底那份固执,却从不肯退后半步。时光带走流年,岁月远逝青春,任世间一切都无声荏苒,如若心里依旧有一份执着永恒,那该是多么艰难又幸运的事情,纵使三生梦回,亦无怨无悔。

不久后,丁玲又为了"西战团"正大光明地离开西安,前去拜访胡宗南,她所求不过是一张通行证。此行她与宣侠父同行,而那位气宇轩昂的将领,在一座古色古香的山亭中接见并宴请了他们。在她的笔录中,那只不过是一位无知的黄口小儿,因为他们的到来,特意穿着月白长袍,手执笔墨横扇,一副附庸风雅的模样。这于她的文字,是难得的尖锐锋利,一针见血。她是很少这样不留情面的,然而对于一些厌恶到极点的人,她总是如同天真任性的赤子,一任心中憎恶奔泻流露,似乎急于将那些伪君子们的脸皮,一层层地揭露下来。

世上的事总是这样不胫而走,乱世之中更没有永恒的秘密,胡宗南请丁玲吃饭的消息,没有谁推波助澜,也没有谁添油加醋,就满城传开,谁都知道"西战团"里出了

名的作家丁玲，好本事，竟然成为胡宗南的座上宾。于是
"西战团"的第三次公演进行得无比顺利，这仿佛是一道
免死金牌，谁都不敢再小看了她和她的"西战团"。

萍　踪

这个偌大的世界里，有太多太多的色彩，我们遥远的
祖先们，曾经以各种美好而栩栩如生的字眼，去形容它
们。红不是红，是胭脂染成的红，是樱桃淬出的红，是朱砂
点了的红。紫不是紫，是丁香飘逸的紫，是藕荷生出的紫，
是檀香绽放的紫。绿也不是绿，是湖水凝结的碧，是野竹
摇落的绿，是翡翠幽叹出的一帘幽梦。

然而，总有人过于简单，看不见，听不到，嗅不到，这万
千世界的缤纷色彩，总有人简单轻易地将这个世界分成
黑与白。是是非非，被以那么简单的两种色彩来区分，未
免过于幼稚天真，更过于悲哀可笑。纵使他们否认世界
的多彩，也应该看到，黑和白之间，并不是沟壑分明的存
在，它们之间，分明还有一片灰色地带。世界是这样，人也
是这样。

没有人是单纯的黑，也没有人是单纯的白，没人敢肯定一个人，从未伤害过一草一木，哪怕他至善至美，也没有人敢说一个人，彻头彻尾地黑暗到底，从未做过一件给这个世界带来美好信念的事情。没有人，没有人敢这样绝对。凡事都要分成两面看待，更何况是人心。

　　所以，我也不敢说我现在笔下极尽溢美之词的这个人，便是世界上最好最好的人。一千个读者，就有一千个哈姆雷特，每个人看待另一个人的角度，总是不尽相同。或许我看到的是美的地方，而你看到的就是不够完美的地方。只要是这个世界上的生灵，就不会找不到任何缺陷。

　　她曾是那样一个倔强而决绝的女子，她逆着风霜绽放。她曾义无反顾、毫无眷恋地离开逐渐老去的母亲，背叛了旧日的家庭，撕毁了过往的约定，对于守旧陈腐的长辈，她也毫不留情加以指责。她是新时代的女性，而从旧日人们恪守的道义角度而言，她又何尝不是离经叛道，有违孝义。当年她同胡也频同居后，又与冯雪峰生出那些往事，这在某些人看来，也不啻是一场荒唐。但这却是她最勇敢的执着。她是一朵有灵魂的花，只为自己灵魂所指的方向绽放。黑黑白白，在她身上，凝成了最沉静的灰，她不会辩白，更不会解释，一切功过，一切是非，任人猜测揣度。面对一切流言蜚语，她静默而往，从不退缩。很多罪名，是角度出了问题，而很多时候，是欲加之罪，何患无辞。那又何必费那口舌辩白，任千万人口中的品评，我自淡然花开，在岁月里沧桑轮回。

坎坷让生命更加多彩，铺就命运崎岖的路，刚从西安回到延安不久的丁玲，就经历了这样一场"欲加之罪"。那时的丁玲，刚从前线回来，战争在她身上留下的烟火还未散去，后方的平静令她突然觉得有种无法言说的虚冷。她从未做过柔情万千的女子，此时此刻，纵使从千军万马的战场上归来，她也依旧心怀壮烈。因为长年奔波，她的身体已经出现了一些问题，为此，她不得不前往后方医院，进行治疗。就是在这家医院里，她目睹了许多令她无法忘怀的事情，这被她提笔写进了她的《在医院中》，而一位老大姐给她讲的故事，则成为她《我在霞村的时候》的素材。这两篇小说，篇幅并不长，却足可以被称为她的代表作，是她驻足文坛的重要作品，然而却偏偏正是这两篇作品，为她今后所负的罪名，埋下了伏笔。

委屈是一场苦涩的冷雨，让热情的怒放零落成花瓣纷落。丁玲当时在延安党校学习时，发生了那样可笑的

215

事情,居然有人站在台上高声指责她是叛徒,说她没有资格进入党校学习。这个人,就是后来同江青一起掀起"文革"的四人帮之一,康生。这位文质彬彬的伪君子,如此指责,所谓有力的证据,竟然只是丁玲的《在医院中》和《我在霞村的时候》的时代背景问题。

一朵倔强的花朵,不得不委屈地绽放。欲加之罪,何患无辞。作家笔下的人物,有时是其将自己的情思或是经历,汇聚而熔铸的人物形象,而有时作家笔下的人物,同作家自身毫无瓜葛,不过是作家基于某些道听途说的故事,加以想象,然后熔炼的结果。然而,当时,有太多太多无知的人,不明白这个道理,那些人天真幼稚地认为,丁玲既然写出了这些文字,那她就应该是陆萍,就应该是贞贞。

陆萍只是丁玲笔下一个无辜女子,是有些小资情怀的,陆萍即使义无反顾地投身革命,她与群众之间依旧存在某些距离,这并不代表她就是一个不求上进的人物,她忧郁,她软弱,她无力改变落后事实,在结尾时,丁玲依旧给了她一个美好结局,或者说,一个美好希望。陆萍身上确实有丁玲自己的影子,她们都是从旧时的家庭,繁华的都市,穿越风雨而来,她们都带有某些小资的情调,而丁玲,也确实借着这个人物,揭露了这类人的某些弊病。

　　纯粹的心,纯美的愿望,丁玲将自己心中缱绻的情愫寄托在笔下。她写这个人,是怀着纯真的赤子之心的,她真心真意地,一心只为这个国家变得更好。然而她的意图,却被赤裸裸地歪曲误解。加上《我在霞村的时候》中的贞贞,那是一个曾被日军糟蹋的女子,这样的形象,被人们拿来同丁玲联系起来,仿佛便在暗中勾勒了一个铁铮铮的事实,令丁玲辩驳不得。

　　一个婉转的故事,在现实中给丁玲带来了不小的灾难。贞贞的故事,是确有其人的,她是丁玲在后方医院休养时亲耳听那位女子同村的人提及的。显然,从丁玲的纸墨行文之间,读者可以明明白白地看出她对贞贞的同情。这位年轻女子,并不是自愿被日军糟蹋的,她受尽了屈辱,好不容易从日军铁蹄下逃出,辗转漂泊回乡,却被同村人避之不及,甚至暗中嘲讽。人总有这样的劣根性,因着自己不曾遭遇某种不幸,就对不幸的他人肆意凌辱,故作一副清高姿态,随意鄙薄那不幸之人。贞贞回乡之后的遭遇,便是如此,那些人,以为自己堪称清白,便对贞贞冷嘲热讽,以显示自己的白璧无瑕。他们不曾想,能在那样的境地里,坚持着活下去,需要多大的勇气和决心。

该是有多热爱生命,热爱阳光,才能忘却那些血淋淋的侮辱,忍受同胞们的怪异眼神,坚定地活下去。或许,贞贞与丁玲,也是有所共通的,她们都是那样毅然决绝的女子,一旦决定了些什么,就永远无怨无悔。贞贞不是没有获得幸福的机会,被日军凌辱之前,她也有青梅竹马的恋人,却因家中的反对无法终成眷属,贞贞曾勇敢地找到恋人,愿意与他私奔,从此离开故乡。我想起这段,就觉得莫名心酸,究竟要有一颗多么勇敢的心,才敢放弃所有的安稳宁静,抛却生养自己的父母亲人,将余生朝朝暮暮几十年的幸福,都寄托在那个男人身上。

北雁南飞,秋草凋零。贞贞可以义无反顾,那位青梅竹马的恋人,却永远无法成为她最坚实的依靠。他放弃了她,不曾坚定地跟随她的脚步,所以当她满身伤痕,风尘仆仆地归来时,他愧疚伤心,后悔绝望,希望自己能够弥补曾给她的伤害。她目光清明,依稀有淡淡哀愁,当他断然拒绝她时,命运已经将他们分隔在天河两端,她已是所谓"残花败柳",断不能拖累了他。然而我总是想,像贞贞那样的女子,不会没有几缕高傲心性,也不会看不出对方的求娶不是出于爱,只是出于愧意,这样的怜悯,她不要,也要不起,她宁愿一人孤守一生落寞,也不愿欠下这份天大人情，今生处处受制于人，不得自由。

当赤诚被泼墨污蔑，当流言蜚语如蝇虫四处纷飞，丁玲被彻底激怒了。她素来不是忍气吞声的性格，对于康生无理的污蔑，莫须有的罪名她绝不承担。她一生清白，满心赤诚，做人做事问心无愧。因此，她很快找到主席，陈述了自己当年在上海被捕的一切经过。主席仔细听完她的诉说，建议她去找当时的中央组织部长陈云，他曾长期出入于上海的十里洋场，周旋在众多敌对势力之间，他对于敌军的内部情况，比主席还更有发言权。陈云不遗余力地审查了丁玲于上海时发生的一切，调查结果终于还给丁玲一个清白。结论中字字清楚，掷地有声——"丁玲同志仍然是一位对革命忠实的共产党员。"一语定论，丁玲的心终于微微放松。

她是濯濯青莲，必然不会接受泥污，这十几个字，让丁玲终于可以挺起腰，清清白白地屹立在众人之间。此时此刻，再也没有人因为这件事而对她发难，也没有人会在背后对她指指点点，甚至她的孩子们，都可以重新抬起头，光明正大地与同伴嬉戏玩耍。延安的阳光，这个红色都城的阳光，应该是温暖热烈的，如同一颗颗热情的心、热心的灵魂。在这样热烈的阳光里，三十出头的丁玲，微微扬起脸,感受它的炽热温柔,她轻轻舒了一口气,连日来积累的怨气似乎就此随风而去,似乎再也没有什么会来惊扰她的宁静,打扰她的人生。然而,她没有想到的是,在她今后数十载的人生里,这样莫须有的罪名,不过是一个开端,在未来的日子里,她将要承受的风雨,将会胜于往昔。

流　年

　　有些人的人生,可以被划分成几个阶段,分别属于一些人。这不是不够坚定,也不是不曾深爱过,而是命运使然,时光使然。就像林徽因曾爱过徐志摩,陪伴她走到尽头的却是梁思成,此外还有一个金岳霖,始终相伴一侧,如影随形。而丁玲,爱过胡也频,也喜欢过冯达,然而,与她相伴着度过人生最后数十年的,却是当时名不见经传的陈明。

　　他们是在“西战团”中结识的,原本是最亲密的战友和同志。爱上一个人有时是十分简单的事,源于一个眼神,缘于一个动作,或者仅仅只是因为一个拨动了心弦的美丽声音;而有时,爱上一个人,却要靠时间累积,或许漫长岁月都不能如愿以偿。丁玲与陈明,曾经是最不可能的一对,也曾经是最不被看好的两个人,纵使是在今天,以我们的眼光来看待,他们也未免有些惊世骇俗。

他们两个人,结识在战火年代,她年长他十几岁。君生我未生,我生君已老,说的似乎就是这种无可奈何。年龄,有时造成的不仅是代沟,还是天堑。原本纵横在他们之间的,就是这样一条天堑。而且那个笑意温润的年轻男子,也已经是有妻有儿的人,他的妻子同他门当户对,持家有道,温柔贤惠,对待他和孩子们,也面面俱到。而丁玲,也已经是有一儿一女的人了,更是声名在外的女作家,如若人当真被划分为三六九等,她足可以高高凌驾在他头顶之上。这两个人,怎么看,都不是般配的一对,想要厮守一生,真不知究竟跨越了什么。

我们这个社会,姐弟恋不会被看好,女高男低也不会被祝福,介入一个家庭的爱情,更是会被唾弃憎恶。我们给第三者取了外号叫"小三",其中不知包含了多少厌恶。春风能吹暖玉门关,溪流也可穿越万水千山,他们之间的爱情,即使是今日,也遭到一些人非议。这也是丁玲为后世争议的一个"点"。一些有婚外恋的人们认为,在爱情的世界里，不被爱的才是第三者。这句话初听还有点道理，仔细深究却是可笑，经不起推敲。如果整个世界，只有爱情，没有责任，没有担当，没有承诺，那么还有什么，是可以彼此信任的呢。背叛过一个家庭的人，又怎么可以保证，不会再背叛第二次，既然那些人的爱情至高无上，那么无数次的追寻，对于他们而言，又何罪之有呢？

为爱而爱，是灵魂的花火，会照亮红尘世俗。真正的浓情，是忍不住的疼惜。喜爱丁玲的人，总会包容怜惜她，因为她的生命太艰难，孤独绽放，历尽沧桑，独自抚养两个年幼的孩子。女人是柔软的，需要一个家，需要有个男人来为她撑起这片天空。有些人，虽然不免怨恨陈明将丁玲拖进了这场绯色爱恨里，终究也感激他对丁玲的百般呵护，万千包容，陪她经历人生磨难，陪她走过人生最后的时光，尔后含笑送她远离，一个人默默地在她身后，充当她最坚实的后盾。

或者，我们可以原谅，他或许，是真的爱上了那个坚强勇敢的女子，爱上了她的与众不同，爱上了她偶尔流露的淡淡柔情，爱上了她脑海中不断变化的万千思绪，爱上了她奔流倾泻的笔情墨意。

当时两人成为眷属，惊起的流言蜚语，不是后世单纯的我们可以想象的。在那个缺少谈资、信息不通的年代，稍有风吹草动，便会沸沸扬扬，满城风雨。幸好丁玲经历过太多风雪，对于这样的千夫所指，还是能够承受的。陈明也不是当年的胡也频和冯达，他一意执着，执意此生此世非丁玲莫属，他安置好原先的妻儿之后，便不惧流言，毅然同丁玲站到了一起。他们是相互扶持着走过绝大多数人生的，他们此后将经历的风暴，比此时的还要更加残酷，但是幸好，这次没有人再先放开手，先行离去，他们紧握着双手，一起走到了最后。

当时的丁玲正在负责《解放日报》的文艺副刊，后来这项任务为舒群所接替，她就回到了蓝家坪。因着"三八"妇女节即将来临，舒群就向她约稿，希望她能够写一篇关于妇女的文章。这对于丁玲来说，不过是举手之劳，何况她编辑文艺副刊时，许多方面都极难得以均衡，舒群的接手，她恰好求之不得，所以此时对于舒群的请求，她自然应承下来。为此，她写了一篇《"三八节"有感》，其实这篇文章篇幅并不算长，然而就是这样一篇篇幅不长的文章，却又给丁玲带来了一次风雨，也在延安掀起了一场轩然大波。

在写这篇文章之前，丁玲亲眼目睹延安两位女性因为离婚而遭受各种难堪。那些羞辱，并不是在明面上的。比起明面上火辣辣的指责，那种无影无形的流言更令人难过。她从不相信命运，却在此刻，深深看到了命运之于女性的残忍。想要成为一位成功的、无可指摘的女性，是那样难以做到，不管是多么完美的人，总有人能挑拣出一些错误，然后加以放大，四处传播，以谋求自己片刻的快乐。烟花易冷，人世沧桑。爱，又是何尝不易。这世间，有太多悲伤的艰难。

谣言是"烟幕弹"，在人群中爆破，迷乱人性，让人不安。谣言，将幸福隔远。延安女性难为，因为这里女性稀少，所以任何一位女性，都承载了更多的关注，同男人们接近会使她们成为谣言里的主角，而如果同他们保持距离她们又要被怀疑是否是身体哪里出了问题。结婚备受关注，离婚更是可以使她们在数月里成为流言的主角。丁玲就借着这个机会，站在自己的角度，给所有女性提出了四点极其珍贵的意见，这可以说是她对所有女性的箴言：其一，要爱惜自己的身体；其二，要使自己愉快；其三，凡事要用自己的脑子去思考；其四，要有一颗下定决心的心。

生命是一条匍匐向前不可回头的路，活着，就是绚烂的理由。

她是以一个作家，更是以一个党员的身份，去认真看待周围的一切，并且提出自己的意见的。她为这个组织倾注着自己的满腔心血，看到某些不符合常理的行为，她就要指正出来，这在她看来是最正常不过。可偏偏就是她眼中的寻常，却成为别人刺向她的长剑，攻击她的武器。

被误解的丁玲如同口服黄连，她只能独自品着其中杂味，在嘴角微微扬起一抹抗议的苦笑。因为这篇文章，她便成为历史上的当事人。与她同时被批评的还有写《野百合花》的王实味。在批斗会上，主席亲自鉴定了两人，他以为丁玲的出发点还是好的，然而王实味就是赤裸裸的不忠诚。于是丁玲尚能在批评后，写了检查，安然而退，而王实味，在不久后就被枪决了。

每一次告别，丁玲心中都有着一些新的向往，生命奔波太久，她期待一些宁静。然而，延安的生活，或许并不像丁玲之前所想象的那样平静，那样热血激昂。

她曾以为，离开了腥风血雨的上海，离开了囚禁自己三年的南京，来到这座红色都城，她就会过上梦想中的生活。的确，云开雾散、春华秋实，多少人事面目全非，这些却不曾动摇她那颗坚定的心，她的扬帆起航，偏偏正是因风雨，更加平稳坚定。

浮　沉

　　其实，我一直无法想象，当年抗日战争胜利时的情景。这片土地，隐忍了太多年，伤痕累积了太多年，也被历史洗涤了太多太多年。很多时候，因为它千年的岁月，我总会忘记，其实这个新生的国家，从 1949 开始，成立也不过六十余年。六十花甲，六十一轮回，对于它之前五千年的生命来说，现在的它实在是太过年轻，青葱得就像是花白老人身边，羞涩得笑不露齿的小小少年。

　　那个风起云涌的年代，那个为它开辟新生命的年代，涌现过多少爱恨情仇，原本细雨朦胧的山水间，烟雨的雾气蒙上了硝烟的烈性；原本可以游走在花前月下、吟诗作对的多情人们，也纷纷放下手中多情的笔，拿起了原先并不属于他们的长剑红枪。他们，究竟是付出了怎么样的代价，才换来了它一夜之间的新生，使它如同凤凰涅槃，浴火一样重生。

　　每个人，自出生那一瞬间开始，就不得不背负上什么。谁来到这个世间，都承担着某种独属于自己的使命。

或许，他们原本可以辗转于紫陌红尘，用最敏锐的感官去体味最甜美的人生。或许，他们也可以流连于山水之畔，如同古时的隐士，享受千山万水的静谧与变化无常。

不曾有谁，持着长枪，逼迫他们必须走上那条路。唯独是良心，是不愿血脉同胞继续生活在水深火热中的心，使他们选择了这条道路。人生可以选择，却无法逃避，这是人与生俱来的使命，如果闭上眼睛，独自守着风轻云淡，纵使一生安宁，那么午夜梦回，依旧魂魄难安。前路茫茫，也许它是一条不归之路。每次向前走一步，或许就会失去身侧同行的人，甚至于献出自己。冷风拂面，春烟剪柳却似乎遥不可及，过去的过去越来越多，而未来的未来却始终看不到终点。没有人，知道那个终止的点在前方何处，然而他们都知道，战争无法消磨他们对胜利的渴望，对美好的憧憬，对这个国家的情深如海。想象不需要代价，他们为了这种想象的实现，却付出了太多代价。

期待越久，情绪越满，仿佛是紧绷的弦。所以当那个日子到来时，当广播中传来"日本无条件投降"的消息时，我想，应该没有谁，会不热泪盈眶。

硝烟弹火，在华夏天空中盘旋了八年，近乎三千个日夜的时光里，每一分每一秒都是煎熬，所有幸存下来的人，都付出了太多太多，而所有失去珍贵生命的人，想必会在黄泉碧空里，含泪而笑。

青川长空，过往已经成为过往，现今的我们，也无法猜测更多。只是那些鲜血染红过的日子，已经成了历史中永不磨灭的镌刻。

那个胜利的日子之后，丁玲离开蓝家坪，参加了晋察冀中央局组织的土改工作队。她远赴陕北，又回到了她已经十分熟悉的农村。此时陕北的农村，已经不像往昔那样，四下里都焕发出新生的色彩，即使是来来去去的人们，也是面带笑意，容光焕发的模样。她带着新奇的目光深深凝视着这一切，忽然生出了提笔的欲望。

如同前文所述，每个人来到世间，都有属于自己的使命，或许有些伟大到惊天动地，或许有些只是单纯属于自己，以供温饱，带着几分孤芳自赏的清丽。有些人，天生是政治家，注定要用双手开辟一个新时代；有些人，注定逐日而出，随着天边绚烂晚霞而归，一生一世，迁徙于草木清芬之间，挥洒一卷田园山水；有些人，却应该是用纸墨挥毫，以世上最古老的文字，写人世间的悲欢故事。

显然，丁玲有她的使命。她的生命，她的灵魂，都是为了笔情墨意而快意燃烧的。我无法想象，手中不再提笔的丁玲，会是怎样一个寻常的俗世女子。可能，她不再惊才绝艳；可能，她只是世上无数平凡女子中的一位，每日辗转在渺小事情里，如无法脱离苦海一样无法脱身。

这样的丁玲，太让人失望，太让人无法释怀。幸好，丁玲是这个世上特立独行的奇女子，纵使有人流言如海，想要诋毁她的清白，毁灭她的人生，她也依旧带着坚忍笑意，用一身才华，熔铸传奇人生；以笔端流墨，创造非凡世界。她独一无二，天地之大，我们再也寻不到第二个她。

翻开厚重的中国文学史，上面对丁玲的记载，也是用尽笔墨。这位女子的才情，如同夜里也熠熠发光的明珠，被从最深处的沧海里打捞起，照亮了一世人间。她是作家里在创作上能够被分明地划分成前后两期的一位，而且不论是哪个时期，她都有足以震惊世人的佳作。年少时候，她有"莎菲"，至于后期，她有代表作《太阳照在桑干河上》。这部以土改为中心的长篇小说，如同一幅望不到尽头的画卷，史诗一样唱出了一幕幕悲喜人生。

而这部小说，诞生在陕北的某个叫作温家屯的小村庄里。丁玲参加土改活动，来到了这个民风淳朴、人心温暖的小村。我们应该感激这个不起眼的地方，或许不曾有它，就不会有这部绝佳作品的诞生。

可能我们每个人，都曾向往过这样的小村。没有几户人家，没有几缕烟火，夜晚星月阑珊而来，只有一灯如豆，明灭在幽深如海的夜里。清晨朝阳初起，天际浮云流变，绚烂辉煌，如同神落下的恩赐。村口色彩斑斓的公鸡高高扬起红色鸡冠，高唱一曲，将睡梦正甜的人们，从温暖炕头上唤醒。一日之计在于晨，这个小村，顿时就欢快忙碌起来。它没有城市的繁华，没有江南古镇的清幽，却有人世间，最寻常的烟火之暖。暖了人心，又暖了人生。

在我的想象中，丁玲就是感于这份寻常的温暖，细密地寻觅着这座小村带给她最平凡，也最震撼的感动。出于一个作家的使命，她听从命运的安排，铺纸研墨。一位真正的作家，是不会因为恐惧自己笔端文字，可能会带给自己厄运而顿笔的。《太阳照在桑干河上》这部作品，确实给丁玲带来了前所未有的打击。

然而丁玲是一位真正的作家，且不说她未必能预知未来的事情，纵使她知道自己面临的将会是什么，她也毫无畏惧，只会从容前往。这从她经历的《"三八节"有感》一事中，就可以寻觅出某些端倪，这类似"文字狱"的冤屈，她并非一无所知，也并非未曾经历，写实话写真话，以她的聪明睿智，应该是能猜测出什么的，可是她，并不会因此退缩。

温家屯的生活宁静安谧，她住在村里唯一的小学里，这是这个小村庄里最好的房子，是从前的龙王庙。对于文化人，村民们总是用最淳朴的信念供养他们。学校坐落在村子里最好的位置，门口是两棵近乎直入云霄的大树，盛夏鸣蝉，它们投落的清凉阴翳里，人们三三两两坐在其中，男人们抽着旱烟，喝着水酒，面红耳赤地闲聊吹牛。女人们拿了家里的鞋底，抿着唇，听着男人们的海吹微微笑起，手里的动作却轻巧得像是春天飞过的燕子。

有人的地方就有江湖，再小的地方也隐藏着外人无从探知的秘密。再亲密的人之间，也会有彼此不可言说的秘密，这个小小的温家屯，也似乎隐匿着某些诡秘的事情。丁玲是一个好作家，一个好作家是不会闭门造车、孤芳自赏的，她将自己当成这些村人中最寻常的一位，她用心、用灵魂贴近他们的生活，进入他们的内心深处。

温家屯里有条街，比起其他村破败凋零的房子而言，这条街上的房子华丽得如同宫殿。那是村里一些富户的房子，丁玲很快就领悟出来。出于工作的需要，她时常换了装扮，偷偷走到那条街上，四处寻觅着蛛丝马迹。这些富得流油的地主们，到底是潜逃了还是隐藏在家中的某个角落，继续做高高在上的老太爷？其中，最令丁玲产生怀疑的，是温家屯拥有最多土地的地主钱文贵。

钢铁机械取代了农耕文明，土地之于我们，只是土地，我们已经无法得知农耕社会里农民对土地的浓情。土地是他们赖以生存的东西。他们将一生希望和温饱，寄托在土地里，一年年劳苦躬耕。地主依靠将土地租借出去，收租过活，而贫困的农民们，就向地主们租借几亩地，以自己的血汗，供养偌大的家庭。丁玲迫切需要了解这里的真实情况，这不仅是她写作的需要，更是她工作的需要。她要让农民的希望破土而出，成长为丰硕的果实，从而不必再忍受剥削之苦。农民的微笑，亦能让她感到幸福。

旧社会的晦暗里子，总会有见光的一天。经过明察暗访，总会水落石出。丁玲询问了村中一位很有资历的老大娘，总算是了解了钱文贵的家庭情况。钱家原本是有兄弟两人，钱文贵的哥哥钱文富早年就去世了，他的妻子又改嫁了，两人只留下一个小姑娘。钱文贵看着这姑娘还有些利用价值，就留了下来，只当成免费的丫头使唤，没想到这孩子越大越漂亮，像一把小葱一样招人怜爱。钱文贵的亲生女儿却生得丑陋，看堂妹也是各种不顺眼，平日里自然是千方百计想要折磨自己的这位堂妹。

事情的真相不由令丁玲幽幽叹了口气。她见过太多的悲欢离合，人世的故事大抵如此，有人生而享尽欢愉，有人生而注定悲苦，有人伤有人喜，几家欢乐几家愁，世间种种，总是令人又爱又恨。这黑暗的社会，这吃人的社会，她来到这里，如果不曾真正施展她的能力，改变眼前人们悲惨的命运，岂不是白来一场？

　　某个花开花落的瞬间，她忽然觉得自己身上肩负的担子，前所未有的沉重。那位被自己的叔叔和堂姐压迫欺负的小姑娘，丁玲不能让她继续这样生活下去。丁玲想起了多年前那些似乎已经十分遥远的日子，她寄人篱下，连淡淡一个笑容都需要看他人脸色，那种生活，她不是没有尝过。她以为，如今抗战胜利，人间不平事，应该都消失殆尽，然而几千年的枷锁，却还深深缠绕在人们的脖颈，囚禁着渴望自由的灵魂。

莲　生

有一种情，叫作惺惺相惜。

有一种怜悯，出自同病相怜。

那位曾与丁玲同病相怜的姑娘,名叫黑妞,这个拥有与大地一样朴实名字的姑娘,是一位漂亮姑娘。丁玲曾悄悄走到那处华丽干净的房子前,恰逢黑妞微微敞开门缝,偷偷往外瞧了一眼,那不过是一眼之瞥,一面之缘,却令丁玲深深记住了那张脸,那双带着忧愁的眼睛,她多像当年的自己呵!

丁玲记忆中那个穿着单薄衣裳的小姑娘,忽然从她脑海中渐次浮现,那个抱着小被子,躲在冰冷暗夜里偷偷哭泣的自己,就连哭泣都不敢发出声音。那个寒意重重的所谓的家,是她一生的噩梦,幸好她终于从那个梦里,回醒过来。她在月色枝头回顾烟云往事,回首一想,其实自己也算是芸芸众生中的幸运儿。

毕竟,当时的她,还有血脉相连的母亲,从不曾离弃她,而是用尽了全力,将她呵护在力所能及的温暖怀抱里。那时,弟弟也还在,她受尽欺负后,唯一能让她展颜一笑的,就是那个年幼可爱的孩子。虽然她与黑妞的命运如此相似,可是比起如今的黑妞,她要幸福太多。那个被囚禁在钱家的孩子,失去了父亲,虽然母亲还活在世上,可是到底形同虚设,而她那些所谓的流着同一血液的亲人们,有哪个,是可以倾心依赖的呢?

那个孩子，那些孩子，他们的命运，不应该是这样的。他们被压抑在黑暗里，失去了憧憬的权力，甚至不敢对未来报以一丝希望。这些孩子，明明应该在碧蓝的天空下，没有防备，没有恐惧，带着纯真清澈的笑容，拥抱所有阳光的。

为了能够将现在的黑妞，这片土地上所有的黑妞，从黑暗里拯救出来，丁玲更加努力地去了解温家屯的情况。这里，不曾发生过缠绵悱恻的故事，却诞生过许多热血的英雄，这些人，解放了这里，还没来得及得到他们应有的土地，就过早地离开了这里。解放的欢乐如同昙花，盛放一时，便烟消云散，留下的，依旧是阴沉的乌云，笼罩在这个小小村庄的头上，滑落出斜长阴影。

一切都是为了工作，一切都是为了更加美好的生活。丁玲努力想要结识更多的人，如同滴水成海，她只想要将更多的力量汇聚到一起。然而她的单纯目的，却在日后被别有用心的人歪曲成不怀好意，那些人在批评她"反党"的会议上，以此为把柄，将她定罪成"小资阶级"，说她家里时不时就开宴会，来客龙蛇混杂，什么人都有。他们分明口上喊着，工人阶级是执政党，农民阶级是最有力的同盟，然而为了打倒那些正直的、为革命献出一生的人们,他们却不惜说出这样荒谬可笑的话。丁玲能够和那些叱咤风云的伟人们当朋友,对于普通的工人和农民们,她也平等地同他们来往。纵使她在定居北京之后,她由于这种平易近人的性子,依旧有许多乡下的朋友们,带着一点微薄,却充满心意的小礼物,前来拜访她。

她天生就具有这样的魅力和情怀,或许她还不够圆滑,不算八面玲珑,但每个人看到她的笑容后,都会慢慢地放下防备之心,与她倾心相交,甚至结为莫逆之交,好比当初的王剑虹,当年的瞿秋白,还有其他与她私交甚密的好友。她是个十足真诚通透的女子,温润如玉。走近她,便会更加想要亲近她。灿烂惹人眼,也必定会招致嫉妒,当怨沉积,也就生出了恨的妖花。这其中,就有主席的第三任夫人,江青。这位曾出入于大上海的花花世界的女子,有着一张魅惑众生的脸,还有一副玲珑软俏的娇躯,她如同诱惑世人打开魔盒的潘多拉,既毒且媚。认识江青的人,都暗地里觉得这是一个十分记仇又小心眼的人,绝对不能轻易得罪。

只是丁玲的脾性中,有着湖南人特有的耿直,从不曲意逢迎,做人做事,全凭自己的一颗心。心若同意,她就会去做,心若觉得别扭,那么再好的事情、再大的利益,她也不屑一顾。说起来还有些冤枉，那是丁玲初入延安的时候，她同江青还不甚熟悉，更不用提憎恶江青。丁玲由于小女儿染病，不得不带着孩子外出求医，因而错过了江青同主席的婚礼。

那婚礼是江青的终身大事，丁玲错过了，在江青看来仿佛就是对她的轻视，她便暗暗恨上了丁玲。她以为是丁玲厌恶自己，又或者丁玲是为她当年的好友杨开慧出一口气。原配与续弦，这两者之间原本就存在一种微妙气场。再自信十足的续弦，不经意间听到原配的名字，也未免会觉得心头一堵，仿佛那是在处处提醒自己如今的身份，即便是再受宠爱，也不是夫君的原配妻子，纵使百年后同归墓穴，自己也只能侧卧一旁。这样的难堪尴尬，如何不教心高气傲的江青，心中暗自恨得咬牙切齿，说不定，当时她便已经发誓，要令丁玲为此后悔不已。

历史逐渐证明，江青心高气傲，喜欢至高无上的权力，她觊觎着那个云天之巅的顶峰位置。这样的人，对于丁玲的"羞辱"，怎么能不放在心上？

嫉恨的妖花，在阴暗的内心疯长，丁玲即将面对又一遭新的坎坷路。丁玲没有错，错的是命运。只是丁玲这般从不言败，从不退却，她是敢于与命运顽强抗争的人，绝不会被命运轻易戏弄,也绝不会轻易服从它的安排。

"土改"在解放区进行得如火如荼,此时解放战争已经爆发,前线战事吃紧。这次战争,不同于以往,抗日战争的时候,大家还都喊着"中国人不打中国人"的口号,然而到了如今,却是中国人也不得已要打中国人了。本是同根生,相煎何太急?同根相残,何其残忍,然而战争是为了明日的太平,以战止战,听上去悲伤无比,却是无可奈何的事情。

因着前线的风云变幻,后方的"土改"更加要抓紧时间了。上头的命令一下来,温家屯也免不了要加快"土改"的脚步。这里的人几乎是不分白天黑夜,全心全意地都沉浸在工作里,他们就这样没日没夜地工作了二十多天,终于告一段落。这段往事,在丁玲的回忆录里,也是以匆忙又欣喜的面貌,静静出现。

她踏着风,踩着月色,行走在这座小村,她披星戴月,风雨无阻。她走遍了这里的每一户人家。丁玲结识的乡下朋友们,也绝大多数来自这次工作。

丁玲对于很多人,仿佛是一个充满雾气的谜。这个女子,身上确实有太多的传奇,然而细细探寻,她也只不过是我们身边的寻常女子,她也会伤心,也会欢喜,也会痛苦,也会高声地笑。她也是一个女儿,也是一位母亲,我们身边所有的人,包括我们自己,都可以找到与她相同之处。她是诗意的,也是铿锵的,她是温柔的,也是坚定的。她的神秘,源于她有太多太多的棱角,源于她有一个坚持了一生的梦想。

繁忙的"土改"工作结束后,她来到了张家口。上头派来了人,询问她的意愿,接下来,她想做些什么,或者是,她愿意去往何方。现在供她选择的地方已经极多,上海、北京、南京,甚至是她那湘水之畔遥远的故乡,只要她愿意,她都可以随时出发。这场旅程,她走了太久,她为太多风景所吸引,他们怎么能不允许她此时,小小的随心所欲呢?

思绪飘飞辗转几时,丁玲抿了抿唇,笑着说:哪里都好,只要给我一张桌子。她的眼睛里闪烁着蒲草一样坚韧的信念,没有什么人,什么事,可以改变她此时的决定。在那段忙碌得连休息都需要见缝插针的日子里,她积累了太多素材,它们如同一座恢宏的城,浩大的轮廓已经隐约可见,她急需的就是一张桌子,一些纸,还有一支笔,来构建她日思夜想了许久的城。

时光流逝是可怖的,脑海中原本清晰的记忆、构想,会随着落花流水,缤纷而去。灵感如同瞬息的光,很快就会消失。她像是一个久未得到清泉的旅人，迫切地需要释放她的灵魂。春去秋来，渴望动笔的念头，可遇而不可求，她必须在瞬间抓住它！

于是，她就在当地的小村里住了下来。一间平房，一铺炕，一方桌，环境清苦，但好在清静安宁，晚风送来的花香依稀可闻。月深水澈时，不远处潺潺的溪流声，空灵得像一曲天籁。她提笔，饮的是清风，借的是月光，暖的是冰心。笔端纵情，她从英姿不凡的战士，顿时成了心思专注的作家。纸笔就是她的天与地。潇洒俊逸如她，她写出来的字并不像一般女子，娟秀温柔，字字含情脉脉，那更像是男子写出来的字，龙飞凤舞，带着三分豪意，三分霸气。

她的代表作《太阳照在桑干河上》，就在这里诞生，她无比专注地走进自己笔下的这座城。岁月翻开人生的诗书，有人沧桑有人圆满，有人悲苦有人欢喜，每个人都有每个人匆匆不语的行程，而她，正用她的笔墨写意，在洁白纸张上，盛放莲花满池。

第七章　春风不掩桃花面

新　城

传奇的人生，不需要太多华丽的辞藻。丁玲在写《太阳照在桑干河上》时，也从未想过此书将会给她带来什么，名或利，灾或难。我想，那时的丁玲，应该是比写前面所有作品，都要更加专注，她将整个生命都沉浸其中。

这本书的完成，是同当时的形式息息相关的。写到一半时，温家屯所属的那块地方，重新被国民党军所占领，她所熟识的那些人，命运又因之改变了。那些凶残的地主，终于等来了反扑的那天，而刚刚分到土地，有了安身立命之本的农人们，又要失去刚刚获得的一切。而丁玲最牵挂的黑妞，只怕也会重新落入谁的魔掌。

她是那样想回到那个地方,重新看看那里的明月,重新走走那里的大街小巷,重新抱住疼爱过她、呵护过她的亲人们。然而,严峻的战事不容许她提出这样的要求,她在平静无波的后方,为前方的亲人们向上苍祈祷,祈求他们可以安然逃过这场劫难。她将所有的爱恨情仇,倾注在笔下的文字里,在字里行间,她注入自己所有的爱憎与祈愿。

执着是件幸福美丽的事,执着让人忘记时间,执着让人忘记世间。然而,丁玲这般全身心的投入,落在旁人的眼里,都会误以为丁玲是入了魔,发了疯,哪里有人这样,不顾一切地,连自己的身体都不甚爱惜地拼命写作呢?她对她笔下的世界无比忠诚,对文学这样一个玄妙的存在也是无比诚实。为了更好地写这本书,她重新搬了个地方,又徒步前往某一村庄,进行"土改"的复查工作。其实她更愿意去她所熟悉的温家屯进行这样工作,只是那里已经落入敌军的统治,纵使她想,也是有心无力。她只能在心中祈福祝愿。

岁月无声,长河寂寞。她当真是徒步走完了千里的路,踏着枝头上的冷月,走进了目的地的小村。

人生几十年的风雨锤炼中,她从韶华匆匆就走到了不惑,她没有时间去感叹时光的残酷,也没有心情去哀悼容颜的凋零。风花雪月的年代,仿佛已成为她记忆里的一个幻梦,此刻,她的心中只有一个目的,就是写出一部优秀的小说。作家之所以能够成为作家,靠的不仅是其敏锐聪慧的直觉,更重要的是其对生活的提炼,如同将璞玉变成珍贵玉饰。早期的丁玲,写莎菲和梦珂时,或许更多的是凭借着自己的直觉,而如今的丁玲,已经臻入化境,炉火纯青,她更加清楚明了,究竟什么对她的作品才是最好的。

大爱无声。世界上大多数爱都是沉默无语的,没有千万朵玫瑰的缤纷绚丽,没有钻石的璀璨耀眼,也没有甜蜜的语言。那是静夜里重莲于风中的低声呢喃,是沧海中的一叶轻舟,是女子用素手皓腕凝成的默默等候。或许我们都是局外人,没人能真正明白,丁玲对她笔下那个世界的深沉的爱。

她是有孩子的,长子蒋祖麟,是她与胡也频爱的结晶,女儿蒋祖慧,则出生在那六朝古都的簌簌风雨里。两个孩子,都随了她的祖姓,被寄予了深厚的期望。北雁南归,又是一年春去秋来。孩子们渐渐长成了俊秀的小小少年和聪慧的小小少女。这位母亲,虽然出于工作和诸多原因,不能时常在他们身边精心照顾,却对他们倾注了她一生的爱。这是母性,亦是天性。然而,作为一位母亲,我猜测,丁玲应该是有些许遗憾的,过度的繁忙,令她总是不断错过孩子们的成长瞬间。或许,就在不经意间,她愕然就发现,自己的孩子已经长大了,他们不再需要她太多的呵护照顾。

夜深人静,月上阑珊,经受了半生风霜的母亲,执一盏清灯,无声地走到孩子们的床头,她借着微光,凝神静心地将他们此刻的模样镌刻进心底。真是白驹过隙,浮云苍狗,她恍然记得他们刚出生时,温温软软的小模样,他们挥舞着小小拳头,嘟着小嘴。可是几乎就是一瞬间,他们变成了几乎同她比肩的少年,站在她的身旁时,都令她有一闪而过的错觉——这就是从她身上掉下来的那小肉团么,怎么忽然就长得这样大了呢?

遗憾归遗憾,人生的遗憾太多,如果仔细寻觅,用尽力气也不知能否清算。伤感,悲哀,总归是太不愿意放过自己。幸而,丁玲从来不是这样的人。无意错失了孩子们的成长,她却倾心将心血凝聚在她的另一些孩子身上。鹅黄柳叶初上,碧落烟霞成霜,这些孩子,悄然诞生,亦是在她无限关怀里灼灼成长,变成一代又一代人的深刻记忆。他们可以被叫作莎菲,也可以被称为梦珂,可以是陆萍,也可以是贞贞,之于现在,她应该是黑妞。

这是丁玲第一次尝试创作一部巨著,从前的莎菲和梦珂,甚至是近年来的陆萍,篇幅都不算极长,刊印成册,也不过是薄薄一本。从前的作品,都是以一位女性为中心,围绕她们逐渐展现一个时代的影子。然而这次的"桑干河"并不同于以往,涉及的人物并不只有那么一位,中心也不再只有那么一个,它被放在历史的框架里,跟着时代的脚步,走得极远,纵使是丁玲自己,也觉得把握起来,并不像之前自己想象的那么简单。她反复考证、回忆、探查,所有的所有,唯有一个目的,那就是——对自己现在这个呕心沥血的孩子,负起责任来。

这是必须对历史负责的作品,也是必须对自己负责的作品。

不久后,丁玲全家来到了正定县。这是"华北联大"的所在地,"华北联大"是解放区为数不多的高等学府之一,它虽然没有同时期的"西南联大"出名,却也不乏优秀出众的师生。借住在这样一所高校里,丁玲认为这对自己的创作是极有好处的,于是就在这里,她最终完成了这部《太阳照在桑干河上》。实际上,它的大致架构早已完成,只是丁玲抱着极其严谨的态度，对它反复修改，直到完成了前言部分，才最终决定定稿。

由于这部作品的最终定稿是在"华北联大"，于是当时"联大"文学系的主任陈企霞，就成了它的第一位读者。说起来，两人的缘分要追溯到丁玲还在南京的时候。陈企霞和丁玲都是"左联"的成员，只是当陈企霞加入"左联"时，丁玲已经被囚禁在南京，不得自由。如若两人那时便有机会相识，想必亦是知交如故。这段被时空错失的缘分，直到他们前后来到延安之后，才得以弥补。

这两位老友，在"联大"重逢，又有幸一同见证她的新作品，两人都是兴致盎然。丁玲对于陈企霞的文学眼光，一直都是十分信任的。这是一种不需要说出口的信任，眼神交汇，就能明了，正如俞伯牙和钟子期的知音长情，无需朝朝暮暮、地老天荒，就能彼此相知。

早在上海时，陈企霞初入文坛，便负责主编当时的《无名文艺》，被鲁迅先生大力称赞的《丰收》就是在《无名文艺》上发表的。因此陈企霞的文学鉴赏能力，确实是值得丁玲信任的。即使是她那龙飞凤舞的字迹，看起来当真伤神伤脑，陈企霞依旧看得津津有味，作品中人物的灵魂，已经将他深深吸引。

经常有人说,小说比诗歌要更容易创作。但是,不论是写诗还是写小说,想要将它们写得脍炙人口,千古流芳,都是极其困难的事情。凡是能够流传千古的作品,都有一个共同点,那就是作者能够透过文字与读者对话,带领读者走进沧桑人世。

　　我相信,丁玲的文字,就是有这样的力量的。她的文字能够穿透人心,于漫漫荏苒时光里,凝固永恒不褪的力量。

欢　愉

　　其实对欢愉的追寻,再容易不过。不用占用太多时间,我们甚至只需要一秒的时光,用心去感悟,幸福,也就不期而至了。我们的女主人公,应该就是这样一个人,对于这世间的一切,她都以真心实意去感知领悟,并一如既往地感激这一切。

　　她的《太阳照在桑干河上》是一部足以在时光里绽放芳华的作品,它的魅力是永恒的,是令人神魂颠倒的。它的第一个读者,陈企霞,亦是如同后世千千万万为之所吸引的读者一样，一旦进入这个世界，便不由自主地为之倾倒。他一连花费了好几天时间，才将这部小说读完读透，他一完成这项阅读，就抱着书稿跑去找丁玲，对她说："这是部好稿，是部好稿！"

茫茫心事有人知，句句心墨有人懂，这种感觉，让丁玲心中溢满温暖和激动。

后来的岁月亦是证明了陈企霞的话，这是奠定丁玲在文坛中地位的作品，也是她一生最坚硬的基石。如果她只有前面几部小说，那么她也只是那个时代文坛中的一位以女儿之身惹眼，因莎菲留名的作家。然而如莎菲这样带点感伤、带点忧郁的人物，在其他女作家的笔端下，也不乏见。丁玲，能够在一群女作家中脱颖而出，以截然不同的面貌流传于历史，这部作品，可谓功不可没。她是个闪耀着光芒的女子，一生传奇不凡。

听到陈企霞这句话，丁玲先是略带疑惧地反问：说的，可是当真？她的心中微颤着喜悦，却谨慎地不敢盛放。

怎么不当真，又怎么会不当真。世界上的作家，都希望自己的作品，是能够被世人感知、喜欢、铭记的。世界上最美好的事情之一，就是自己的心意能够被感知，自己的成果能够被称赞喜爱。在这点上，丁玲也是不例外的。

她本应该笑逐颜开，本应该欢喜地拉着对方立刻坐下来，谈论书中的一切。然而，她没有那样。其实，她是怕了，这世上的一切变化无常，她固有的价值观，有时却同现实相违背，两者权衡之间，她略略怅然地停住了脚步。

她生怕这部倾注了自己心血的作品，如同上次那篇《"三八节"有感》一般，被批判得一无是处，尽管她觉得自己写的都是真话，句句都是肺腑之言。然而人心难测，现在这本书，她太用心，唯恐又触犯些什么。

文字淬炼而成的文章，从最后一句话的圈点之后，它的生命便诞生了。人有人生，书亦有自己的命运。或是被尘封在抽屉里，或是惊动世事……

幸而，此时丁玲的第一个读者是陈企霞。若是换了别人，恐怕历史就要改写。分析作品，提炼其中的芬芳珍粹，如同提取玫瑰中芳香的精华，这是陈企霞的专长。于是，他将丁玲这个问题回答得头头是道，为她重铸了一份自信。丁玲重新有勇气将《太阳照在桑干河上》拿出来，去出版，这是有陈企霞的功劳的。若是没有他，丁玲不会领悟到自己作品中最成功的地方，亦不会知道它的价值已经远远超出了她当初的写作意图。

丁玲与陈企霞之间唯一一次真正的深交，实际上就是这次看稿事件。然而就是因为此事，两人却在后来的灾难中，被连在一起打成了"丁陈"反动派，这实在荒谬可笑，也可以说是世事弄人，令人不得自由。后事且不提，丁玲抱着书稿，欢喜地去寻求出版路径，却不曾料想，此事一波三折，成了她的又一次噩梦。

当时的书稿，在出版之前，都要经过反复审核。正是"西柏坡"会议召开附近的时日，那时许多名人都涌到了这个地方。在后来那次灾难中，曾为丁玲说过话的萧三，还有甘露，都曾出现在此地。人多的地方就会有各种算计。他们在讨论丁玲这部小说时，无意中遇上了正出来散步的主席，几人相互交谈了几句，提到了这部新小说，主席便笑着称赞了丁玲几句。他对丁玲的赞赏，向来是不在丁玲面前掩饰的，然而在别人面前提及，还是头一次，于是这就给甘露留下了极其深刻的印象。

有些人，对于获得称赞这件事，十分在意，时不时就要在人前卖弄几番，若是能够获得伟人的称赞，不知是否要欢喜得连蹦带跳。丁玲与主席是旧识，主席亦是经常表示出对她的欣赏,然而这些事情,丁玲却不愿意像那些人一般,拿出来卖弄,她以为,不管是与谁交往,那都是她一个人的事情,所谓私交,不需要有谁因此而高看她一眼,她也无需以此谋求坦途。

人心难测,人心难测。她的这份心,后来却被歪曲成所谓的"往自己脸上贴金"。有一回,甘露看不过去,就用主席的话为丁玲辩驳了几句。

审读《太阳照在桑干河上》是由萧三、艾思奇与乔木三人一同进行的,这三位,是解放区文坛中举足轻重的人物。然而,由于这部作品的真实,不免刺痛了谁,那些人便暗中阻挠,甚至将目光落在其中某一人物上,便认定这部作品,走的是所谓的"富农路线"。这"富农路线",可不是什么好东西,在当时是一个严重的政治路线问题,这顶帽子,是足可以压死人的。

那些话,字字句句,就仿佛是冰冷的雨,点点滴滴都落在了丁玲的身上。她参加的"土改",还没有那么严格的阶级划分,甚至于她写这本书时,界限也不曾分明。然而当她完成这本书,却有人开始说,她笔下的农民,家里都是那样破败,而到了地主家,就连无依无靠的小孤女都是那样漂亮,这分明就是同情富农,同情地主。有时,人们即使看穿了真相，也无法亲口言明。可指责她的那些人，分明昨日还亲切地与她相交、来往，她曾以为，他们都是朋友。可是有些人的心，就是这样难以猜测。彼时尚与你谈笑风生，言笑晏晏，转眼间背地里，便翻了脸改了情，一瞬间便令你束手无策。

这顶帽子太沉，一瞬间，就将丁玲压得透不过气来，沉重的伤痛溢满了她的心间。这是一把剑，从阴暗的深处，霎那就刺穿了她的心。他们太了解她了，伤害她的身体，她不会屈服，而伤害她用心血凝结而成的作品，伤害她灵魂的一部分，却能令她痛苦得无以复加。

丁玲的为人，众人都是看在眼里的，她的小说，不过是刺到了某些人的痛处，便使她遭到了嫉恨，这并不意味她当真就是不清白的人。

于是，便有人给她出主意，既然这本书无法在解放区出版，将书稿带到东北去试试，也未尝不可。她在仓促间回过神，豁然明了，这个特殊的时代，造就了特殊的形式，以及特殊的人群。她从不认为，自己的作品会是那样一无是处，只要有机会，她就该尽力尝试。

她为何会这样执着地想要出版自己的作品呢？我想，每个怀着作家梦的人，每个曾经尝试将自己的心血，凝结成一首诗，一篇文章，一部喜剧，一部小说的人，都渴望看到它变成铅字，风行在茫茫人海，传到世界的每个角落，走进每个人的心。这不过是想要获得别人的认可，想要让自己的作品给他人带来真正的快乐，想要自己在文字的世界里和每一个心灵相通的灵魂静心交谈。

恰逢她此前也组织了一个"延安文艺通讯团"，正好要前往东北。她顾不上辩白，带了手稿，匆匆离去，像是一只骤然离去的飞鸟，飞向春暖花开，飞向青翠长柳，飞向绚烂日暮。恩怨如一场过往云烟，于她心间，曾激起半层涟漪，却留不了多么长久的时间。

时　年

有一个词，叫作时来运转。这是被有些人日夜企盼的情形。

许多时候，命运不由你安排，然而同样许多时候，命运需要你自己去改变。

丁玲带着沉甸甸的书稿，踏上远行的路，她心中百感交集，或许正有如梦如电的念头一闪而过。

她未能按照原先计划，同自己的"延安文艺通讯团"一起出发，她已迫不及待地加入了蔡畅女士的"中国妇女代表团"。这场旅途漫长，他们途经了许多地方，而此时的东北，正是它最好的时节，仲夏，这里早已褪去冬日皑皑雪衣，换上了青翠如玉。白杨和梧桐，笔直倔强地屹立于街头，极尽礼节，也极尽欢喜。

　　我们知道，我们的女主角，走过许多地方，她穿行过许多山水，然而她的脚步还不曾涉及这片北端的土地。这片土地，同样养育过许多热血沸腾的作家和革命者。丁玲走在这里，走在这个熟悉而又陌生的地方。阳光清浅碎微，她站立于东北的笔直长街，不再年轻的脸庞上，流露出了些许恍然。

　　在这里，她同旅伴们挥手告别，她们还没有抵达目的地，"中国妇女代表团"是要去参加在匈牙利召开的第二届世界民主妇联代表大会，因此她们不得不于此地分道扬镳，分别前往各自的目的地。离别之后，丁玲在七月到达哈尔滨，八月，她和宋之的等三位作家，一起参加了纪念抗日胜利三周年活动，并携手写下了《"八一五"致苏联作家信》。九月，她的《太阳照在桑干河上》于哈尔滨《文学战线》上连载。

至此,她此行的目的算得上是圆满实现。想必,当丁玲拿到那卷印着这部作品的《文艺战线》时,她应是轻轻呼出了一口气,她一直悬挂于心的那块石头,终究是不惊尘埃地落下了。她积累了岁月痕迹的眉间,方悄然舒展,喜鹊便在枝头声声脆啼,这报喜的鸟,仿佛也心有灵犀,知晓这不过是一个开始,此后还有更大的欢喜,在并不遥远的未来,等着她去迎接。

既然作品已经能够同它的读者们相见,她的任务也算告一段落,是该启程返回了。即使那里有人对她有着暂时的误会,她却并不憎恨谁。一如既往,她总是相信,很多人都像她当初在上海、在南京、在北平时,所遇到的那些善良的人们一样,没有谁故意去伤害谁,纵使人们之间有些误会,也会被时光轻轻解开。

她原本打算尽快踏上归途,她在这里已耽搁太久,然而读者们却不容她太早抽身而去。这部作品,竟然反响热烈,对于报社来说,这还是前所未有的,报社迅速地行动起来,将书稿交到出版社,以极快的速度将它付印出版,并且为响应读者的要求,在丁玲离开之前,还举办了一个关于《太阳照在桑干河上》的文艺座谈会。

当繁华接踵而来时,我相信,谁都无法拒绝这个华美璀璨的时刻。丁玲不是没想过,如果这部作品在东北同样遭遇了被拒绝的命运,那么她该前往何方。苏联,还是朝鲜?在那些地方,会有多少人,能真正明白她的用意,她文字背后的深深期望。

多少人,曾向往过一成名天下知的情景,又有多少人做过灿烂的美梦。纵使是半生虚名,也曾教多少人争得头破血流,何况此时的丁玲,拥有的并不是华而不实的虚名,她已是当时中国,少有的为整个国家而知的具代表性的作家。

没人怀疑过她这盛名的真实性,怀疑一位兼具才华和努力的人是不明智的。年少成名,一夜众人皆知,她不是没有经历过。多年前的莎菲步履轻盈,双眸含愁地离她远去,此时的她当真已是名动天下。

时光已经将她雕琢成看淡名利的女子,红尘俗世的碌碌声名,仿佛都不能打扰她此时的宁静。然而关于她的作品,这个凝聚了她太多心血的孩子,能够得到绝大多数人的承认,还是给她画上了一抹流星般的明亮光芒。谁知她夜夜笔耕不息到天明的疲惫,谁知她满心欢喜作品却被否认的悲哀,谁知她此时大起大落又时来运转的繁复心境。人生就是这样,不曾体味它的起落,就不会了解它的美丽。

现实如此，她盛名在外。三年里，不知有多少报纸上出现了她的名字，又不知有多少小小少年，听完她的演讲后堵在门外，非要一个签名不可。而此时，她已经回到了解放区，与整个国家的人们一起，见证这个国家的涅槃新生。那是1949年的初秋，北京的蝉鸣未歇，那是个足以被历史铭刻的日子，这个国家，巍然屹立。

我不知道，那一刻，站在茫茫人海里的她，可曾热泪盈眶，可曾想起多年来逐渐失去的那些朋友，可曾重新描摹最初那年轻丈夫的模样。那是她遥远而长久的思念，沧海横流都不能忘却的记忆，即使她身侧有别人相濡以沫。而她已经是逐渐老去，而他们的孩子都已经长成顶天立地的男儿，像他，也像她。隔着时光的烟雨，将往事挑拣，竟然是如此悲伤而又欢喜。她是背负着他的梦想，走上前往延安的道路，也是承载着他的灵魂，替他仔细看着这一场新生，不知此时的他，是否已可以含着微笑，再度转世。

她从未像此刻一样安然宁静，于人世的纷繁里，风清月白，无愧于心。开国大典之前，丁玲全家便已经搬到了北京。新居坐落在"云松巢"，这个别有风骨的名字，源于这里那些高入云天的松树,而"作协"名下的几幢小楼零星散落其中,不仔细看几乎不辨踪影,这里仿佛是隐匿于云端的桃源,清静得教人无比怡然。

这里的新居,环境清幽,最适合居住不过。她的朋友们,也时常从四面八方而来,在她的新居中做客,纵使是日理万机的主席,也喜欢挑一个晴好时日,来探访旧友。今日不同往昔,他已经是这个新生国家的最高领导人,然而在她面前,他却还是旧日模样,言谈温和,俨然不曾变过。

丁玲的真心,令她如同她的作品,都具有那样迷人的魅力。

她确实是真诚的,主席在同她的交谈中,曾经谈到萧也牧最新的作品《我们夫妇之间》,这是一部"干预生活"的作品,真诚而深刻地提出了生活中存在的某些弊病。后来萧也牧因此而遭受批斗,丁玲曾将主席的意见,写成一封长信传达给萧也牧,却被诬陷为所谓的"假批评,真安慰"。然而,她一如既往,按照自己的为人准则,做着自己应该做的事,不畏惧风雨谣言。她是参加过革命的战士,穿梭过血迹斑驳的枪林弹雨,又怎么会害怕那些人无影无踪的指责。心若磊落,纵使荆棘遍道,亦会成为坦途。

是　非

　　人世间的是非黑白,总是难以说清,难以定论。没有人可以说,自己就是绝对正确的。正如没有任何一种疾病,不会被攻克。而对错,也不过是人心所向之间。

　　我们都知道,丁玲实际上是一个充满争议的人物。她的作品,她的为人,乃至她的私生活,都是令人在惊愕之余,隐隐惊叹的。有些人觉得她获得如此崇高的地位,不过因她是一个政党的"御用文人",至于她的作品,真实价值到底有几何无关紧要。反之,同样有人觉得,她才华横溢,惊艳了那段时光,那个铁血年代。她像是从清幽山谷中缓缓盛放的兰花,染几分草木清气,着一身七彩星光,悄然走进凡俗人世。

　　众说纷纭,我只以为,不论是作为文人还是女子,她不过是如我们一样的凡人,与我们一般,感受人世的冷暖悲欢。

　　人有情,有心,便足以与天地万物区分开来,成为这

259

世间最有灵性的一种。无人喜欢无情的人，再美的无情之人，在现实中也只可远观，不可近往。灵心灵意，是人最美好的东西，值得人们用一生去体味、捍卫、守护。

丁玲，纵使成就了太多不平凡的事，她到底也只是芸芸众生里，一个会哭会笑，会伤心会欢喜，会痛恨会惆怅的寻常人。我们看她，不需要将她置于遥遥的神龛，将她当成神来顶礼膜拜，我们只需要将她当作我们身边寻常可见的普通人。亲近一个人的方式，最简单的就是将她当成我们所熟悉的人。

丁玲的这本《太阳照在桑干河上》是 1948 年在东北出版发行的，到了第二年，就被翻译成了俄文。随即，又被翻译成了德语、日语、韩语、匈牙利语等多种文字，在世界各个角落流传。对于一个作家而言，这实在是非同一般的殊荣。而不久之后，这部作品便获得了斯大林文学奖，与她一同获得这份荣耀的还有周立波的《暴风骤雨》，贺敬之等人的歌剧《白毛女》。为此，她获得了五万卢布的奖金。

她是从清贫里过来的人，我们还依稀记得，年轻的她孤身辗转在南北之间，身上连温饱的钱都无处可寻，同胡也频结为夫妇之后，两人也依旧过着清苦的生活。时常一盏清灯，一碗清粥，就解决了日常用度。她的稿费并不少，可那是时有时无的收入，谁都不保证明天还会收到哪里的稿酬，何况他们又都是喜好结交朋友的人，有时豪气一上来，就顾不上下顿能吃上什么。

有人说从贫困中出来的人，对金钱会有格外执着的欲望，然而在丁玲身上，我们却没有验证这一点。像是早就习惯了身无余财的生活，丁玲对于金钱，并不渴望，也从不强求。或者说，她对金钱，从来没有太多概念。

美好平淡的生活，从不需要钱财的诱惑。金钱太多，反而会将自由禁锢，使人无法自在呼吸，无法体会落日微风的清暖。钱所买不来的东西，有太多太多，却也有太多人看不破这红尘里的俗世魅惑，忘却了原本的纯净灵魂，将自己的心供奉给了贪婪之神，只为谋取一段锦绣繁华。殊不知，这繁华背后的冰冷与空虚，只会让自己溺毙在金碧辉煌之中。

百转千回的人世里，丁玲是通透的。这个早看尽万千繁华的女子，从容地穿行于锦绣时光，却从不为此耽搁沉迷。她心中自有一片清明，最美的年华里，她已经历太多，任世情幻化成如何妖艳迷离的模样，也引诱不了她那颗清明洁净的心。

她明白，也清楚，这笔金钱之于自己，是能够让自己过上更舒适一些的生活，让孩子们日后少一些奋斗的坎坷。然而，那又如何呢？她扬起嘴角，双眸里是看透一切的清澈。现在的生活，已经足够好，她不需要再多，而孩子们，终究要有属于他们的天空，过于平稳的坦途，对他们的成长并没有太多帮助。她不是希望他们如自己一样受尽风霜，却希望他们能够于风雨里成长，历练成这个国家所需要的人。

　　何况，这个刚刚成长起来的国家之中，应该还有人，比她更加需要这笔钱。她没有一丝犹豫，就将五万卢布的奖金，尽数捐献给了妇联儿童福利委员会。纵使这样一笔数目的钱，对于有困难的孩子来说，也不过是杯水车薪。可毕竟，这是属于她的一份心意，纵使微小如尘，亦胜过一无所有。

　　年华如逝水，匆匆流走，许多事，转眼间已成了相隔万里的前尘，那是1952年的事情，从现在追溯而去，已经有数十年的光阴。同年，她同曹禺，前往莫斯科参加果戈理逝世百年纪念。戏剧对于丁玲来说并不陌生，一位作家不可能纯粹地只是写小说或者是诗歌，虽然丁玲是以小说成名的，但对于文学的其他分支，她都曾有过涉猎，即使这种涉猎，并不深沉，尤其是与曹禺相比。

文字是灵魂的桥，通向彼此心灵，然而，无论是哪种表现形式，都不会妨碍他们在途中进行文学上的交流。对于曹禺的《雷雨》《日出》，丁玲是耳熟能详的。当曹禺同她倾诉自己在修改作品上的烦恼时，她亦是真诚地给出了自己的建议。曹禺觉得，自己写《雷雨》时毕竟太年轻，有些人物塑造得不够真实，譬如其中的鲁大海，曹禺是在同无产阶级有了接触之后，才明白当初对这个形象的塑造是有所偏差的。然而他想对这个人物做少许修改时，却遭遇到了绝大多数观众的反对，为此，他也不免苦恼。

过往的事情已经在人们心中定格，如若更改，就要更替原有记忆。因此丁玲能够泰然释之。这些话，她自然是毫不保留地告诉了曹禺，她并不善于开导劝解，但真心的话，比任何的劝慰都让人觉得温暖。她始终都是一个赤诚火热的女子。

她是这样好的人，坦坦荡荡，真诚美好，却总是要经受那么多莫须有的罪名，含冤受屈，在冰火熔炉里，浮沉翻腾。

丁玲将奖金捐献出去不久后，一些角落就传出了某些风言风语，说《太阳照在桑干河上》的黑妮就是丁玲。这场景似曾相识，不就是几年前曾经上演过的事件，说丁玲就是莎菲，丁玲就是陆萍，丁玲就是贞贞么。虽说一人可以有千面，若真的探究起来，终究荒谬可笑。

莎菲是谁？那是从封建地主家庭里，冲破桎梏，又茫然不知所往的少女。她是那个时代所造成的些许病态的女子。作为莎菲的母亲，当时年轻的丁玲确实带着几分这样的影子，但不同的是，丁玲是积极向上的，她不像莎菲，一条路走到黑，在绝望里永远沉寂下去。

而黑妮呢，原型是温家屯里那个温柔可怜的女子。丁玲巧手轻裁，将最初的她，幻化成月色下迷蒙的剪影，尔后用自己的灵心和才情，将她丰满充实，在心间熔炼，于笔端流淌，朴实却令人唏嘘的姑娘就这样跃然于纸上，如一场梦，又如无比逼真的现实。除却那段寄人篱下的岁月，我们实在是难以发觉，她与丁玲之间的相同之处。

只能说，做女人难，而做一个成功女人更难。至于既想做成功的女人，又不想面对人世流言，而清清白白地行走在世间，当真如同天方夜谭。人心是多么难以猜度，谁能够将世上万千人心都牢牢控制在掌心？我们唯有在岁月里修炼自己，做自己想做的事情，任人评说。就像那句话说的那样，走自己的路，让别人说去。

丁玲是豁达的，读者的看法各有千秋。她太纯净，误以为那只不过是读者之间的争议，或许这段时间过去之后，那"争议"便能烟消云散，随风而去。她从不揣度人心的险恶，也从不记恨人世的阴暗，因此她从不知晓，并不是任何人都能像她对待朋友们一样真心地与他人相交。

我想，丁玲在遭受厄运的那数十年里，也不曾真正被苦难摧垮，被厄运打倒。

馥　郁

众所周知，她的作品有些早已被翻译成各种文字，风靡世界，甚至被当成研究中国社会的范本。曾有人问丁玲，这数十年间，她最满意的是哪部作品。而她的回答是：都不满意。

以我们的眼光看来，或许《太阳照在桑干河上》就是她的巅峰之作。然而，对于丁玲而言，创作是没有止步的那天，只要她一息尚存，只要她还能提笔，还能说话，她就永远不会停止创作的脚步。

前方的路上，有未知的风雨，未知的期待。对于一位真正的作家,真正有事业心的人而言,是不会满足于已取得的成绩的。他们的目光专注在未知的前方。他们最大的敌人不是时间,而是不思进取。

丁玲曾说,她在写完一个人物后,隔一段时间再来仔细欣赏,就会觉得这个人物与她此时心里所想的并不相同,还有许多特性,她并没有描摹出来。有时,她脑海中会出现一些新的人物,这迫使她提起笔,将其倾泻在纸上。她永远都觉得自己还可以写出更好的人物来,所以她也永远都不会满足。她希望自己笔下的人物,能够绽放得更加饱满。

每个在笔耕中度过的日子,都是她的艳阳天。而不管这些文字,可能会给她带来什么苦难,她依旧甘之如饴,愿意为了它们的出世,承受苦痛和磨难。生命中的颠簸与坎坷,将她的灵魂打磨得更加光亮。

丁玲苍茫的人生里,一切都仿佛是有所预兆的。诡谲莫测的上苍,总喜爱给她一些难以追寻的信号,有时足以引起她的直觉。生命纵使能够重来,还是有许多人,会按照原始的轨道走下去,一直走到那个尽头。不是不愿意走出另一份崭新,而是人生的无奈就在那里,即使明知前方风云迷送,依旧死了心,不肯回头地要走下去。

情意是生在灵魂之上的永不凋零的花，花香袅袅，会沁染整个人生。我始终坚信，丁玲和沈从文，从始至终，都有着深刻的友谊。他们后世对彼此的伤害，不能说那是谁的错，而是源于时代的阻隔，也生于各自的误会，着实令人唏嘘。她与沈从文，都来自同一个地方，受同样的风雨沐浴，山水雕琢，骨子里的心性有时是息息融汇的。他们曾有那么多的话可以说。实际上，他们都不是口若悬河的人，在众人里，他们往往沉默寡言，人们甚少能看到他们滔滔不绝、高谈阔论。然而，知己相会，必会高山流水高歌一曲，他们在彼此面前，却都是百无禁忌，什么掏心窝的话都可以拿出来与彼此分享，什么隐秘的事情都可以坦然地呈现在彼此的面前。他还是由她那时的丈夫胡也频介绍给她的，那个清秀温暖的年轻人，总觉得自己事情太多，可以分给丁玲的时间太少，索性将自己的朋友带到她身边，让她可以稍微不那么寂寞。

有人懂得，是一种莫大的幸福，知己相遇，亦是人生莫大的幸运。胡也频当初很难想到，他们两人会这样投缘，投缘到有时他都会觉得嫉妒。这个像月光一样清淡优雅的女子，在自己面前，一直都是那样矜持纯净，仿佛多说了几句话，就是罪过的模样，却偏偏在这位朋友面前，将从小到大的事情，都娓娓道尽。而那位朋友，也始终带着温和的笑意，耐心地倾听，偶尔也添上一两句评语。其实他们在说什么，他只能猜懂其中少数句子。他们以故土乡音，倾心相交，累积的友谊，就是一生。

胡也频没有想到，这份无关风月的友谊，是值得信任守护的，沈从文之于丁玲的帮助，是无法以世间任何一样东西来衡量的。在胡也频入狱之后，是沈从文陪着丁玲四处周旋，满世界地找关系奔走。在胡也频离世之后，也是沈从文帮着丁玲，将所有后事操办，不远万里地护送她和襁褓中的孩子，从茫茫的繁华都市回到宁静悠远的故乡。

这份友谊，不可用金钱衡量，也不可用时光苍白老化。有些记忆，从来都不会陈旧腐败，而像漫长时光里的栀子花，被夹在厚重的书页里，泛了黄，重新翻开掉落地上时，依旧馥郁清香。我相信，他们之间的友情，就属于这样的情怀。丁玲后来浮沉的人生里，也从未忘记过自己曾有过那样一个真心的朋友，叫作沈从文。

然而命运促使他们站在对立面。这并不是由于他们性格上的差异，也并非是他们对待彼此不好，所有的误解，都源于那个特定的年代，各自的政治目光。或许，沈从文就是这样天生清淡，他行走纷繁人世，万事流水一样经心而过，却没有能在他心里停留下来的。正如他笔下的那个美好世界，那座清秀小城，没有烟火熏染，没有战火纷纷，也没有乱世带来的任何流痕。谁都只是清淡而又温暖地活着，外面的离乱，同他们无关。

丁玲热情的心，像燃烧不灭的火焰。所谓赴汤蹈火，在所不惜。这句江湖义气的话，虽然过于血性，然而用在此时，却是最恰当不过。因而，这位曾经的好友，她认为应该是与她惺惺相惜、风雨同行的朋友。在她眼中，他这样陌生，冷漠，竟然不像她所认识的他。她是一动起感情来，就不顾一切的女子，这怎么能不令她难以忍受。

在那个时候，并不是只有丁玲看不惯沈从文的清淡，早就有人撰文批评这位来自湘西的才子。二十世纪三四十年代闹得沸沸扬扬的阶级论，沈从文也参与其中，或许这些都是他后来半生离乱的隐患。没有毫无原因的爱恨，也没有寻不到因果的动乱，早年的不经意的事情，多年后或许就成为令人悔恨一生的故事。

柳绿花红，流年过了一度又一度。1949年一月的某一日，雪意未散，初春的温润还没有弥漫在古老的京都，却似乎有迹象，显示出某种最初的芽苗。随着郭沫若《斥反动文艺》一文的发表,北京大学的学生喊出了这样的口号——打倒"新月派""现代评论派",第三条路线的沈从文。新月派和现代评论派,都是用派系带过,唯独沈从文,名字被清晰地写下,横在这个承载过太多历史的校园,那样触目惊心。

这位清淡了半生的沈先生,开始预知还不曾真正到来的风暴。他是温和的,凤凰古城的烟雨,将他染成了明白如月的男子。十年烟火,他心如止水,却并不是对外界的风雨,一无所知。他似乎能够预测,这不过只是一个开始,而真正的伤害,还未曾从云端后显露它的一鳞半爪。他不曾期望在这场风暴里独善其身,然而稚子何辜,他不愿因他一人将家人牵连。于是,在解放军和平解放北京后,他想到了旧日的老友,现在的她,大约能够告诉他一些确切的事情。

怀着这样的希望,他走进了丁玲家的大门。他抬手,轻叩那扇门,阳光碎微。叩门声入耳,那扇门在他眼前无声开启,那位多年不曾相见的老友,在光影背后露出了笑意,依稀如同旧时光。

第八章　犹记惊鸿照影来

重　逢

　　美丽的梦和美丽的诗一样，都是可遇而不可求的，常常在最没能料到的时刻里出现。

　　我喜欢那样的梦，在梦里，一切都可以重新开始，一切都可以慢慢解释，心里甚至还能感觉到，所有被浪费的时光竟然都能重回时的狂喜与感激。胸怀中满溢着幸福，只因你就在我眼前，对我微笑，一如当年。

　　我真喜欢那样的梦，明明知道你已为我跋涉千里，却又觉得芳草鲜美，落英缤纷，好像你我才初初相遇。

——席慕蓉《初相遇》

丁玲与沈从文，隔了经年的时光重逢。重逢的时候，应该是每个人的心中都澎湃着某种未知的情绪。谁都是欢喜的，然而隔了多年，谁都不再是当初青涩且青春的年轻人，时光呵，总残忍得难觅踪影，却让这对曾无话不说的朋友，再度相见时，已是默默无言，相对无语。

他默默无声，将心底的话深藏在心底，没有问出口。而她凝视着这旧日老友，眼眸低垂，将满腔心绪遮掩。或许，上次告别的时候，谁都不曾想到，他们再度相见会是这样的情景。或许，就是那个分手的时刻，他们之间，就已经相隔了万重山。

沉默孤凉的冰，冰封了热情。这样异常沉默的丁玲，令这个倔强的朋友的心迅速冷了下去，他原本是带着希望来到这里，以为她会像从前一样欢喜地跑过来将他拥抱，即使不是他想象的热情，也绝非是这样的客气疏远，好似他是一个她绝不愿意相见的人。意外的冷遇，让他的心落入了冰渊，使他感受到彻骨的凉。

文人，天生一副自尊的傲骨，冷遇之下，他起身，拱手告辞，不再停留，带着自己的儿子走出了那扇门，踏足远去，只留下悲伤的身影，渐渐消失在路的尽头。

这一幕悲伤的景象，落入她苍凉的眼，她站起来，嘴唇轻轻颤抖,想要挽留的话划过喉咙,终究是没有出口。她不是不想挽留,也不是想要用这样的态度对待他。可有时候,她也有她的高傲、她的自尊,过往的误会一日不曾解开,她就无法用往昔的欢喜面对这位老朋友。她是这样想的,确确实实,就是这样想的。

这不是谁的错误,而是命运。他们谁都不曾希望彼此关系变成这样,如若他们可以预知重逢之后会是如此局面,那还不如不见。可他们若是当真不见,他们内心最深处的地方,还是会有一处隐隐疼痛。虽是不如不见,却不得不见。他们是彼此永远逃不掉的伤。

当沈从文自杀的消息传到丁玲耳中时,她不能再沉默下去,她无法抑制地走出门外。这一生,她走得光明磊落,她并不希望,有谁因为自己或者其他事情,从此走上不归路,奔赴黄泉。

一念起,风生水起,一念熄,天地寂寞。一念之间,他就别了生念。她没想到,因为自己一时的残酷,竟然让他绝望了。他竟然以为,郭沫若的文章和丁玲的态度,就代表新中国对他的态度,迟早有一日,他会被押上台,当着万千学子的面,被清算、被冷冷地伤害。他一生清白,从未做过任何伤天害理的事情,与其面对这样的结局，还不如就此自我了断，好歹还能清清静静地离开人世。

纵然世事沉浮坎坷，但是最沉重的并非世事，而是人心。其实沈从文，此时压力过大，他未免有些疑神疑鬼。他将郭沫若的文章与丁玲的态度联系起来，钻进了死胡同，便很难再走出来。其实丁玲和郭沫若，不过是萍水相逢，见面的机会很少，也不曾有过深交。那篇《斥反动文艺》的文章发表时，她还不在北京，哪里能够看到，日后也不会特意找出来翻看。而她一听说沈从文自杀的事情，就分别在当年的六月中旬和月底，来到沈从文的居所探望。

人生路，山重水复，阴晴交叠。那应该是他一生之中，最阴郁黑暗的岁月。都说世事变幻，可是当真遇上如此无常的境遇，又有多少人能保持一颗平常心，如往日一样，无所在意地漫步在街头，拉上几位好友闲谈。在黑暗面前，有人坦然，有人惶然，有人含笑，有人含泪，有人无惧，有人迷茫，众生的选择各不相同。

将自己的生命无情丢弃，又被家人生生挽留的沈从文陷入了错乱的境地。他总是忧虑不堪，仿佛是忧天的杞人，紧绷的精神让他疑虑重重。他怀疑自己此前的人生,怀疑身边的故交和妻儿,甚至自己坚持了半生的信仰。由他儿子后来的回忆可知,他的父亲,确实已经濒临崩溃的边缘,如脆弱琉璃,几欲落地碎裂。

对于沈从文,丁玲心中怀着复杂的情绪,有心痛,有留恋,也有哀怨。她来到北大教授的宿舍楼,走进沈从文家,她看到这位老友,从他身上她再也寻不到往昔的清淡从容,过度的忧虑已经将这位作家逼得憔悴。她心头涌上的除却不忍,还有无法压抑的怒气。

看过死亡的人,更加懂得生的可贵,生命虽然脆弱渺小,犹如沧海一粟,但每一个生命都是一朵炫美的花,值得尊重和珍视。丁玲明白生的珍贵。能够看云卷云舒,花开花落,能够感受翩跹红尘里的每一分温柔,这是多么幸运的事情,有那么多人,甚至连这样寻常的滋味,都无法体会。人若被死神执意带走,终究是无可奈何。然而,一个人如若是连自己都放弃了生命,觉得珍惜是不必要的,随意糟蹋,又可指望谁来珍惜他呢。

只有自己,才能给自己撑起遮雨的伞,也只有自己,才能让自己走出仿佛无边无际的阴霾。生命面前,唯有尊严和家国,比它更巍峨,除此之外,什么都是渺小的,不值得用生命的代价承受源于自身的践踏。

这是她出于对生命的敬畏的体会。生命是庄严的，每一朵花、每一棵树木，都值得敬重。她出言指责，指责他不顾孩子和相濡以沫的妻子，指责他意志薄弱，指责他对自己的残忍与不珍重，还有对国家的不信任。这是她忍无可忍之下的指责，亦是她出于对一位老友的顾惜。有人说，这两人之间的恩恩怨怨，沈从文是没错的，反倒是丁玲，以冷淡态度，逼迫他走上绝路。可若当真是冷漠无情，以丁玲的心气，又何必去探望，说出这样一番看似指责却是宽慰的言语。她对他，在心中始终还存着柔软的情谊。

这世间，除了生死，没有什么该算得上是大事。一个人如果连生死都不再放在眼中，寻常劝慰于他，也只会是雪落无声，没有任何效果。唯有用凌厉而真心的话语，唤醒他的求生意志，才能令他回转领悟。生生死死，浮沉人世，她比谁都清楚该如何唤起一个起了死志的人。事已至此，她也算是仁至义尽，至于此后他选择生或死，都是他自己一个人的事情，毕竟没有一个人，可以替另一个人做决定。

身在凡世中，必然难脱红尘事，那年月，身居要职的丁玲，除却处理工作上的事情，还要忙碌许多家庭中的琐事。关于沈从文的事，她也确实是尽心尽力，但她分身乏术，再也没有多余的时间可以去安慰这位旧友。

她的话是极其有效果的，沈从文终于逐渐走出了自杀的阴影。皎洁的明月，重重的霜华，西风吹着冷雁从游人身前一掠而过，或许，只有经过更凝重的生死，这对曾三天三夜都有说不完知心话的朋友，才能真正放下往日的所有爱恨恩怨，平心静气地一同坐下来。

只是经历这样一场变故，沈从文的心性已变得比往昔更加沉默。经历过生死的人，往往会将生死都看淡。一个人若是将生死都看淡，那么此外的一切，也就更加不在眼中。人的性情，大多缘于天生，有些也会因为后日的变幻无常，而有所改变。此时的沈从文，不愿意再牵涉进任何是非之中，他就此封笔停文，甚至辞去了北大教授一职，前往历史博物馆度过最后的时光。在此后的三十余年里，他都未曾以作家的身份写过一字。

或许是心灰意冷，或许是不愿惹来是非，总之，沈从文如愿过上了他闲云野鹤的生活，他埋首故纸堆，研究历史中的微小细节，他换了个身份，依旧过得波澜不惊。只是那时所有人，都不会想到，在不久后的将来，这场旧友重逢的故事，会惹出风波，给丁玲又加上一条罪名。

尘　霜

人总要失去什么，才明白失去的可贵，总要亲眼目睹人世的沧桑，才能不断成长，总要经历翻天覆地的变故，才会将心性悄然磨平。许多人都是合上了《莎菲女士的日记》，才对丁玲这样一位充满传奇的女子产生了兴趣，然后有意识地去翻阅有关她的一切，才明白这样一位女子，确实只属于那个光风霁月的时代。她已经跟随过往的历史，成了无声的烟云，优雅沉静，却真实地活出了自己的光彩。

她是解放区第一批走出祖国、走向外面的世界的作家。漂洋过海，她从古老的故国，踏上匈牙利的土地，这里形形色色的一切，对于丁玲而言，都是新鲜的。

年轻的时候，她或许有过出国的机会，却为更重要的事情所耽搁，这次出访，恰好弥补了她的遗憾。

来往的行人匆匆走过，有些人好奇地回头看这位已经不再年轻，却独具风韵的异国女子，他们蓝色的双眸里流露出纯粹的好奇，渐渐化为某种被吸引才能流露的神色。乌发黑眸，人们一眼就能看出她来自那个古老的国家，像是带着那个国家迷蒙却悠长的月光，她带着脉脉的书香，这个异国的女子，仿佛一个看似清浅却幽深的旋涡，令人沉迷，难以自拔。

对于丁玲而言，任何人都无法将她从此时的交流中拉出，这里的一草一木，街头的路灯，拐角的小小咖啡厅，都仿佛活了起来，说着话，与她倾心相交。只是她只是一位旅人，一位游客，一位不可能永远驻足在这里的行人。她像风一样来了，体味感知了这里的风情，又像风一样走了，回到那个属于她的国家。或许多年后，她还能回忆起海洋对岸，那些风景的模样，尔后浅笑一叹，这一叹之中，依旧带着一份心满意足。

其实，能够有这样一场缘分，已经足够了。她不贪心，不奢求，月光再美，也不能收在囊中；玫瑰再芬芳，一年也只有一度；琴声再清幽，也只是匆匆掠过耳际。美好的事物无需强求、索求无度，曾经停驻过这场美丽，就是缘，便值得微笑了。

归国未久，她还在灯下漫笔，写着她的《欧行散记》，朝鲜战争爆发，国家派出了志愿军援助朝鲜。她欢送了一批又一批志愿军，如同当年她在延安，送走了一批又一批上战场的战友，最后只剩下她孤身站在黄昏落日里，无语凝咽，遥遥望着远行的队伍。而这次，她实际上也是希望走向战场的，她写了报告，向上级申请，希望能够随军上前线，却被驳了回来，要她继续一心一意当《文艺报》的主编。她含泪送别了以巴金为首的记者团，灵魂也随之燃烧在那个破碎的三千里江山中。

忙碌的工作令她无暇分身，也没有时间去哀伤。新中国成立了，她一个人身兼数职，又是负责中宣部文艺处的工作，又是《文艺报》和《人民日报》的主编，她恨不得将时间揉一揉，无限延展开来用。有人说过做女人不容易，做一位有事业的女人更不容易，以女儿之身，走上这些"高位"，未免底下就有人不服，尽管他们也佩服她的才华，却用守旧目光，以为女子就应该待在家里，相夫教子，这样才是温柔贤惠的女性。

这种想法太过可笑，我无法想象，当丁玲放弃手头一切工作，神色温柔地回归家庭，料理一家老少的吃穿用度，将一个家打扫得一尘不染，安于这一方小小天地时，她会是如何模样。若她只是那样的女子，那么在人生的路上，她有过许多机会，可以成为那样的女子。然而经过这样一个个渡口，她都无声地将人生的船悄然划过，从未因为谁，而将一生驻足。

忙得不知日月的某日，连丁玲也不记得是哪一日，刘少奇主席笑着对她说，我们应该有一个培养自己作家的学校吧。其实这样一个念头，在丁玲脑海中也萌生了许久，只是这个想法在繁忙的时日里一闪而过，她总是被其他事情分了心，这想法瞬间又被她置于脑后，可不久之后，这想法又重新萌发。现在刘主席开口，她不由也觉得欢喜。

幸运的脚步愈加逼近，春风一过，是漫天纷飞的幸福。促进此事真正实现的，是苏联过来的专家们，他们来中国探访，得知中国没有一所类似于他们苏联"高尔基文学院"的学校，十分失望，中国的领导人们开始意识到这个问题的严重性，于是便找上了丁玲。

惊喜是生命的礼遇，这是件天大的好事。若是能够培养出一批优秀又纯粹的作家，不仅是给众多老作家分担了重担，这个领域中，又可以有新的面目，写出优秀的作品。她是如此想着，便含笑答应了这个压到她头上的重任，她即刻就着手忙碌起来。

命运有时就是一瞬念的抉择。就在不久之前，毛主席曾问过丁玲这样一个问题，你是想当官，还是想当你的作家？此时站在丁玲面前的男人，已经不是当初风起云涌中踌躇满志而还没站上巅峰的人，而是屹立在整个国家之上的领袖。他有这样的权力，也有这样的心，想将丁玲培养成独当一面的领导人，然而一切，都还要看她自己的抉择。

真正潇洒逍遥的人，喜欢怎么快活就怎么过，文人大多数有这样随意的心性，自由自在的脾气，而丁玲显然也是有几分如是的风骨，凡尘俗世，她不愿被琐事纠缠捆绑，用无形的枷锁囚禁自己的自由，两者相比，她自然还是更喜欢当自己的作家，静静地在笔墨的世界里，绽放属于自己的心莲，呼吸劳碌之余的自由气息。

但是，办一个培养作家的学校，正是她喜欢的事情，因而，纵使她单薄的肩膀上已经承载了太多，她依旧一口应承下来，她约了田间、康濯等人，细细商谈事宜。这就是中央文学研究所的由来，丁玲担任了所长一职，张天翼则是副所长，不过多时，研究所就这样建成了。学员是来自四面八方的青年，这些年轻人，有着热火般的心性，也有愿意为国家奉献一生的勇气。他们在文学上，有着异于常人的才华，只是受困于幼时不曾得到系统的教育，空有想法，却无法表达出来。

这些,都不过是丁玲繁忙人生中一朵小小的浪花,她在惊涛骇浪里,闪烁着魅力独具的光芒,令人过目难忘。

丹　心

也许是太平静,平静到不愿去获得什么,然而世事弄人,人越是无欲无求,也许就越会轻易被某种不幸命中。

编织虚妄的罪名,或许是这个世间最容易的事情,编织者甚至不需要用心思考,他们眼角眉梢轻轻一动,就足以将谁毁灭到万劫不复的境地。

丁玲听到有人指责她强迫文研所的学员们,将自己的相框挂在所里时,经历过太多风风雨雨的女子,仿佛忽然嗅到了一丝不太寻常的味道。或许是风雨历练后的本领,她本能地觉得,有什么激烈的风暴,可能会在不久的未来,前所未有地不期而至。

不好的预感总是出乎意料的准确,她还没来得及申辩什么,另一个罪名就铺天盖地地扣了下来,而且远胜过以往的罪状。"一本书主义",什么是所谓的一本书主义,这个纵使是丁玲都一无所知的罪名，却成了别人口中关于她的罪名。她静静地看着那些曾经深交或萍水相逢的人们，忽然觉得一切都是那么陌生。

她闭上眼睛，不争不辩，任由她的世界，沧海横流，风水轮回。她有过滚烫的岁月，随热血奔流到天地四方。那些年，她活得轰轰烈烈，旗帜鲜明。然而此刻的她，却只想悄无声息地沉寂下去，一座小小庭院，一方清冷天空，一壶茶，还有一个相濡以沫的人，她希望就这样平静平凡地了此余生。

她渴望这样的安静生活。没有凡尘俗事，再来将她打扰，也没有爱恨，再将她心绪缭乱。那些编织的罪名，又是在说谁呢，与她丁玲，又有什么干系呢？

有些伤害，出自曾经深爱过的人们，那比无关紧要的人们带来的，要深重上许多。那些萍水相逢的人们，忽然之间，给予的伤害，或许她不用太多时日就能将伤口弥合，可是那些深爱过的人们呢？此痛无法言说。

过去，已经在时光中，被永远翻过。我用尽方法，去想象她当时的悲凉。这样无知的罪名，加诸在这样一个好的人身上，那是多么凄凉悲哀的事情，其实稍微有些头脑的人，仔细一想，就会觉得这样的罪名，是多么经不起推敲,偏生还有那么多人,如被魔鬼迷惑了双眼,看不清事实的真相。

丁玲的心,如水晶般闪耀而坦诚。她从不在众人面前隐藏自己的想法,也从不出于畏惧而失去说出实话的勇气。不论对谁,她都坦坦荡荡,一无所欺。这是她独具的品格,也正因为如此,她的人生也更加多彩。纵使是在那段她以为的,最幽暗的岁月里,她也没有背叛她的心。而关于她的笔墨,她的作品,她也曾在无数公开或私密的场合里说:我还有一点雄心,我还想写一本好书,请你们也给我以鞭策。她也曾翻着那些中外名家们留下来的作品,感叹人世匆匆而过,她是幸运的,能够留下那么多作品,而在那些遥远的时光里,有太多不幸的人,以心血凝结成的笔墨,消散在落花春去的流年里。

深重的打击,如重锤,一次次重重地敲击在丁玲的心上,她应该不是没有想过放弃。谁都是血肉铸成的凡人,也会痛也会累,也会流泪也会疲倦,会厌倦无休止的纷争,会渴望平淡生活,看朝霞万丈,看日落黄昏,品生活细微的幸福。

期望中的平静在何方? 可还有退路? 她已不敢给自己希望,害怕明日太阳升起时,自己会更加失望。

月到山中自清明，有些真相，到时候便水落石出，而后世的我们，也能从那些文字的蛛丝马迹里，一探事实的真相。最开始出现的是文研所的一位学员所写的信，尽管他写信的目的，并不是为丁玲分辩什么，只是为了使自己摆脱是"丁陈反党集团"的嫌疑，然而在这封长达五六页的长信中，也可以看出那位蒙受了不白冤屈的女子，的确是如莲花般清白的。

在饱经人生寒苦后，一丝温暖都尤为珍贵。那位学员，同丁玲并没有深交，却也不曾说那些伤害她的话，反而或多或少地证明了她的清白。或许，就是这件事情，令丁玲重新燃起了信心。世间到底还是有正直的人的，纵使那些老友，碍于各种各样的原因，不能够站出来为她说话，可也未曾落井下石。世间上的感情，如人饮水，冷暖自知。丁玲终于感到一丝人情的暖意，终于觉得这苍凉的人世，到底还有善良的人，他们即使不曾帮过谁，也从不害谁。

有勇气的人，能够重新站起来，坚持不懈，最终华丽转身。而自暴自弃的人，将会任由这些机会从指缝匆匆掠过，却不懂得珍惜。幸好，丁玲是前者，而不是后者。

她开始振作起来。她本来便是从苦难中磨砺而来的女子，那些罪名，可以令她气馁、沮丧、悲伤失望，却不会令她从此就一蹶不振。她向中央提出了申辩,要求辨正,并极快地写下了数万字的《辨正书》,而第一节,就是她对自己与陈企霞的关系的分辩。既然他们要将他们两个打成反党集团,那么她就从这里开始,将这些所谓的罪名,一点点驳回。

这才是我所佩服的那个女子,从不软弱,从不害怕别人的肆意凌辱,对于那些莫须有的罪名,她从不忍气吞声,而是尽全力给予还击。于是,我每次想起她,都会觉得璀璨的阳光下,有些明媚的花朵,正在生根发芽,即将在一个更加灿烂的日子里,迎风绽放。

晚　香

如若往事已不堪回首,而未来又好似遥不可及,那么唯一可以紧握的,只有触手可及的此刻。丁玲所能握住的,也只有如流水的时光和那双永远温暖的手。感谢的话语不必多说,那容易疏远伤情,一个眼眸流转,就足以将心中的谢意言尽。人不免有惆怅憔悴的时候,除却自己开解自己之外,如身侧一直有人相伴左右,未尝不是幸事。

相濡以沫，不离不弃。

愿得一心人，白首不相离。

多少女子，曾在佛前许愿，一生不求富贵，不求名利，唯愿有人，能撑着伞，与自己长度一场红尘梦，此生此世，相依相伴，生同衾而死同穴。如此，便足够圆满。我时常会想，究竟要拥有怎样的魔力，一个女子，才能拥有令人羡慕的爱情。要多幸运，才能遇上那个可堪相依的人，携手一起走过风雨人生。

丁玲一生纵使命途多舛，也未尝不是幸运的人。她能让胡也频为她爱了一生；能让冯达为她误了一生，伤了一生；还有陈明为她守候了一生，沉默了一生。世人对于为众多男人所爱恋的女子，总是成见甚深，以为这样的女人，算不上好，于是往往对其有所诟病。然而，在丁玲身上，我们很少能看到这样的偏见。至情至性，至真至纯，不论是谁，总要怜惜那么几分，或出于不忍，或能感受她的真情。

丁玲是应该感激陈明的，在她风雨飘摇的岁月里，他不曾离开她，他只是沉默不语在她身后，陪伴着她。把相濡以沫用在他们身上，的确是恰如其分。他们一起分享过成功的荣耀，一起享受过世人的敬重，也一起面对过生活的风波与磨难。在那个人人自危的年月里，有多少夫妻离散，多少父子反目成仇，多少朋友相互背叛。那些被或多或少背叛的人们，若看到风雨里，他们携手同行的背影，是否心底会涌上一些叫作"悲伤"的情绪？原来幸福只是手挽着手温暖相伴。

新中国成立后，陈明被调到了电影制片厂当剧作家。他的才华并不能在此绽放。家里的一切都被他安排得井井有条，他从未让任何家务打扰丁玲的工作和创作，他还将丁玲年迈的母亲接到北京，细心照顾。这个家，在他的操持安排之下，温馨得几乎令所有的人都羡慕。一个温情的男人，打造了一个温暖的家。

时光能消磨热血，却雕琢了更美的爱情。经历数载漂浮人生后，丁玲和陈明，用他们的行动，证明了这段起初并不被世人看好与祝福的爱情，原来也是那样值得所有人钦佩。他们都有过太多过往，对于彼此，不够纯粹不够明净，她的过去，他不能参与，他的往昔，她也无法进入。可是他们还有未来，还有彼此共同参与的未来，那都是他们白头时可以一同坐在院子里的摇椅上，望着天边风轻云淡一起回首张望的美丽回忆。

爱情在时光里碰撞,纵使她在遇到他的时候,就已不再年轻,即使他看过她年少时的相片,而记忆中的妻子,依旧是那副并不年轻的容貌。然而,虽然没有红颜绿鬓,没有青葱岁月,之于他,她依旧是这个世界上最好的人,他永远都觉得她是最漂亮的,没有人可以取代她的位置。因为爱,所以可以不顾一切,也正是因为爱,所以不管她遭遇到什么,他都能感同身受。

　　当时的丁玲,正陷入"右派"的泥沼之中。那像是一个时代的悲凉大戏,谁可以信任,谁不可以相信,纷纷扰扰,到最后,有的人连自己都不可以信任。曾经的丁玲,就是这样的,只是她还有勇气从头再来,然而当时许多人,已失去了走下去的信心,于是干脆将心一横,闭了眼,与这纷繁的人世,便再无干系。或许,丁玲也曾有过这种念头,可如果她当真离开,枕畔的那个人该如何,孩子们又该怎么办,她一生清白,难道真要如此潦草收场? 若带着那个罪名,她的魂灵都不得安宁。

　　其实,也并非是没有转机。人心,总归是肉长的,会疼,会痛,会伤心。人心更是敏锐的,都说鹰的眼睛锐利,然而人心,却比鹰的眼睛更敏感地可以断定事实。那时,人人自危,绝大多数人都选择了自保,不去伤害谁以换得富贵,已是他们的底线。然而,依旧有敢于出来说实话的人,只因一颗只跟从真实的心。

她是一生一世一支青莲,洁白的花瓣怎能容下不公的污染。1956 年,丁玲为了自己的清白,提出了辨正,中央专门成立了复查办公室,来处理这件事情。未久,各种证词以信件的形式,纷纷来到了这间办公室。其中徐光耀的证词是最为真实可信的。在他的证词中,他详细叙述了自己对丁玲的看法,两人相识的经过,更重要的是在那个情况下,他依旧认为丁玲是清白的,或许她有过一些错误,但这些错误还不足以将她打成右派。丁玲沦落泥污困境,而这徐光耀竟能挺身支持她,丁玲心中溢出满满的感激。

世事本公正,纷乱的只是人心。在此之前,人心的天平早有偏向。当时,并不是谁都能有申诉争辩的机会的,这还需要经过大家的同意,然而在丁玲的申请书上,却出现了大多数人的名字,而另外一些不曾签名的人,有些是不在当地,有些则是未曾同她有过什么接触。这就足够了,清白与否,这些沉重的签名,已经无形中显示了最终答案。

历史烟云已经尘埃落定,无法更改,后面的悲伤故事是我们不情愿面对的,一个为国家奉献了一生的人,蒙受如此不白之冤。

丁玲还是被打成了所谓的"右派"。此次定罪不同以往，她将为这个罪名，付出巨大的代价，而不是像前几次一样，写一份检讨书就可以过关。她被毫无颜面地押上讲台，并不是演讲，而是被逼着说出莫须有的罪状，然后在人们面前真诚忏悔，发誓以后再也不敢如此。台下的人们是那样热切，她恍惚里想起自己的第一次演讲，也是这样的人声鼎沸，只是如今，已是物是人非。

她欲哭无泪，站在台前，她无言以对。这罪名她不愿意认，可又不得不认。她沉默不语，仰头望着上方的晴好天空她已无惧生死，面对此情此景，她也没有太大的恐惧，只是她还不能死。她还没写出心里的那本书，还没看着自己被洗净罪名，还没与他白头偕老。

天青色烟雨，水墨色人生，她的人生，还没有终局。这朵从尘埃中亭亭绽放的莲花，如何以余生，华丽转身？

伊　人

相信人们读到"所谓伊人，在水一方"的诗句，都会心有一动。而我，每次想起这个场景，总是一如既往地心动。

一首诗，一样情怀，一阕词，一种别绪。是不是前人们的形容太过美好，于是寻常的字眼，便组合成了一幅美丽画卷，令人遐思不断，总能唤起人们心底深处，最眷恋的温柔。每个人心中都有一位女神，这位生活在我们自己心中的伊人，或许众人皆知，或许唯有沉默的自己，才能一探究竟。

而显然，此时我心中的这位伊人，是读了这样久的丁玲。每个人的出场方式大同小异，都是哭着来到人世，然后享受它的喜乐，感受它的悲凉，可是每个人落幕的方式，却是各形各色。有人哭有人笑，有人怅然不舍有人潇洒快活，可是再长的句子，也会划上句点，再长寿的人，也会有告别的那一日。

我相信，我心中的那个她，是优雅平静地离开人世的。丁玲在八十二岁那年走完了她的人生旅程。都说人生七十古来稀，能够活到她这个年纪，已经算是十分高寿了。那是 1986 年春天的某一日，当春风吹来江南的温润气息，当燕子衔来筑巢的泥，当幽幽的古井化开了冻结的冰，她在那天的某个瞬间，悄悄地闭上了眼睛。这一切，发生得太突然，仿佛一场美梦还没做完，就被谁生生唤醒。

而她,只仿佛跌入某场繁华美梦,仿佛在未来的哪一刻,就可被轻声叫醒。

她是在 1957 年的时候,被冤屈地打成"右派"。她唯一害怕的事情发生了,她被下放劳改,她手中的那支笔,被残暴野蛮地摔断。二十二个春去秋来,逐渐老去的丁玲,再也没能写上一字一言。那至于她而言,当真如同一场噩梦。人生有多少个二十二年,纵使是像丁玲一样长寿,也只有不足四个二十二年。在这么多年里,她不能提笔,真是她的损失,更是文学界的损失。因而,她在被平反之后,再也等不了了,她迫不及待地就拿起了笔,继续她的征程。

八年,那是两千多个日夜,而年迈又病重的她,写下了百万多字。那一字字,是她的控诉,也是她依旧铿锵的证明。发生过的事情,是无法抹杀的,存在过的必然在记忆里继续存在,那是不可能被忘记的。对于那段黑暗的岁月,丁玲坦然从容,从未曾逃避。

一人升天,仙及鸡犬。同样,一人落难,身边的人也会跟着受到牵连。当初,因为丁玲被打成了"右派",她的秘书,她身边那些亲近的人,包括她的丈夫陈明,都被打成了"右派"。而远在莫斯科的一双儿女,在遥远的异国,也受到了组织的严密监视。就连她已经成人的儿子返回家中探亲，也一再遭到了刁难。未久，陈明将被下放到黑龙江密山农场，三天之后，即将出行。这个消息令这动乱中的家庭，更加风雨飘摇，陈明着急了，他不知道在自己离开之后，这个家会变成什么样子，而孤身一人的丁玲，能不能重新站起来，挺过这场大难？他穿上衣服，要去找"作协"想想办法。然而，丁玲阻止了他。

人生路，总是要风雨兼程，但是，她不允许自己低头，向谁求助。求人帮忙，看人脸色，最后还要欠人人情，她不是没有尝过这样的滋味。当初为了也频，她曾四处奔波，可是又有何用呢，她最后还是失去了他。现在轮到自己，她更不愿为了自己，放低姿态，低到尘埃里。她并不是不知道丈夫的担忧，可她只是勉强露出几分笑意，故作风轻云淡地劝他早日离开。

曲终人散场，是已经注定的情节，又何必流泪，做出那些小女儿娇态，徒添两人心上的烦忧。她向来是豁达潇洒的女子，尽管岁月已经将她磨砺成了温和的妻子和母亲，但是，本真的心性如何能改。她只觉得，自己并不是那些没有经历过风雨，娇滴滴地养在深闺中的弱质女流，上海那段流亡岁月，随时都会丧命的经历，她都孤身闯了过来。她现时虽然蒙受了冤屈，可到底没有性命之忧。俗话说：留得青山在，不怕没柴烧。她会坚持下去，一直到真相大白换她清白的那一日。

他们约定在未来重逢。她在心里流着泪，却在唇畔带着笑意，挥手告别了她的丈夫。生离，不过是生离。她在心底默默念着，她连死别都经历过，生离还有什么好可怕的呢？毕竟，两个人都还是活在这个世上的，只要活着，凡事就还有希望。总之时日过得那样快，他们一定还会有重逢的一刻，虽然他们现在走在这荆棘丛生的道路上，可是有谁能保证，在不久的未来，没有月光，没有鲜花，没有清泉，来迎接他们的重逢时刻？

仿佛是丁玲有所预感，又好似是冥冥中自有定数，没过多久，丁玲就被送到了北大荒的宝泉岭八五三农场。主持该农场工作的王震亲自签字，同意接收丁玲。等到她抵达之后，他又亲自给陈明所在的那个农场打电话，要求将陈明调过来，将夫妻两人一同送到了汤原农场。虽说在那个年代，一个地方上的主要掌权人物，想要保障一两个人的生命安全，是不成问题的。但是，那是一个人心离乱的时代，能够拿出这样一份魄力来保障他们夫妻，这确实是十分重大的一份恩情。我们都知道，纵使是和平年代，人与人之间的关系，有时候亦是清淡如水，更何况是斗争纷繁的那时呢？

他们就在那里安了家，面对这个简陋的家，丁玲已经心满意足，如果再能给她一支笔，让她写点什么，那就当真圆满了。可惜，这个愿望，直到她被平反之后才得以实现。莫斯科的儿子来了信，要同她划清界限。多年不曾流泪的丁玲流泪了，她知道儿子的要求是迫于无奈，出于理智，出于为儿子的安全着想，她回信同意了。然而作为母亲，一位已身在风霜中的柔弱母亲，她是多么希望儿子能够回到她身边，撑起她的半边天。她还要等，历经风雨的她深知，这不过只是一个开始，然而她没想到，这一等，就是漫长的二十二年。

可到底，她还是等到了，尽管对于她而言，已经浪费了太多时间。然而，当她走到人生的尽头，闭上眼睛的那一刻，我相信，她是毫无遗憾的。作为女人，她已经圆满到了极致。作为作家，她也已经创作出了流芳千年的作品。如果说生命是一场幻梦，那对于她而言，这是一场无比美妙奇异的梦。在这个梦里，她没有一个瞬间，是值得后悔的。而人生，就当如是，每一秒都不留遗憾，忠诚于自己的灵魂，自己的心。

我曾为她欢喜过,伤心过,快乐过,流泪过,感叹君生我未生,我生君已去,然而,当我合卷落笔的这一刻,我突然就释然了。云卷云舒,花开花落,每个人都会走向自己的结局,她能够走向属于她的结局,已经足够完美。

后　记

　　人生如歌,或慷慨激昂,或悠扬婉转,或柔情哀凄……

　　谁能记得谁直到白发苍苍?

　　谁能一辈子都陪在谁的身旁?

　　谁能就这样没有止境地走在人生里?

　　如同每个故事都要有结局,那些纠缠的梦,总会烟消云散;那些曾走过的路,总会通向天堂。正如一首歌,曾气壮山河地表达的:多想再活五百年。五百年的时间仿佛是那样漫长,然而时光如流花落影,萧瑟里奔流不息地前赴后继,无知无觉里就走过了漫长的烟尘与流年。于是,我们同样,于此刻,于此时,阖上书卷,在悠长温柔的灯影之间。

　　在人生最后时刻,难免要回首三生,将岁月里所有的爱恨都温习一遍,方才觉得不曾白活一世,不曾白走一遭。我在落笔的最后一刻,难免也要微微回忆、伤感,仿佛这已经不再是一本单纯的书，这里面，有我的爱，也有我的情思，还有我的人生。对于曾溶入心血的事物，终究是心有牵念。

不知道，丁玲在每次落笔时，是否也有这样的感触。那是一个伟大又普通的女人，她如同所有普通的人们一样，普通地经历生老病死，也像所有不普通的人们一样，在物质的生命告罄之后，未曾在时光的洪流中被深深掩埋，经历几个春秋后就被浑然遗忘，她依旧活着，活在青色的史书里，活在日日相传的故事里，活在人们或轻或重的记忆里，或许，也活在此刻我浅薄却努力的文字里。

女人，在这个阴阳两分的世界里，总是那样坚强而柔弱地活着。远古的辉煌已经成为过去，很久，很久，在很长的一段时间中，这是一个被男权彻底压倒倾覆的角色。虽然，在生命的意义上，所有男女都应该平等，所有阶级都不应该出现，可人生沧桑，命运轮回，或许，每个人都要经历不同的经历，扮演不同的角色，古老的神祇才觉得真正公平。

世间并不是没有过闪耀的花，没有过惊艳众生的女子。梦回汉朝，有以所谓"贤德"著称的班婕妤，紧随着她的还有她的侄女班昭。回到那个举世无双的盛唐，有更多美丽的花,绽放在那个时代,薛涛、鱼玄机、上官婉儿;清瘦羸弱的宋代,也有李清照与朱淑真。纵使是理学观念深入人心,最残酷的明清,也有金若兰。那些美貌或寻常的女子,在时光里,已经用才情,诗意了人生,也用笔墨镌刻在了人世。

可同那些扬名立万的大丈夫相比,那些花儿,终究是式微的。

直至"五四"百花齐放,那些惊才绝艳的女子们,终于拥有了属于她们的天地,这使得她们与当时的男儿相比,亦是毫不逊色。张爱玲的烟火情仇,苏青的柴米人生,凌叔华的风雨凄迷,冰心的温柔如水,都是那样的光芒耀眼。她们都是很好很好的,只是我情有独钟,那位烽火铿锵的女子。她的苍茫、温柔、坚贞,她的灵魂如同永不凋谢的花,盛开在当年皑皑的冰雪大地里。

只是,我们或爱,或恨,或欢喜,或憎恶,或淡然,都已与她无关。她来到这个世上,已经完成了她的使命。她离开,已经圆满了她的人生。我相信,她会微笑,浅淡而温暖,如同豆蔻那年,青梅初染,帷幕初开,笑得纯粹又明亮。